VIAJEROS HACIA DIOS

Antoninus Wall, O.P.

Traducido por el P. Jesús Martín Sanchez O.P.

Solas *Press*

Antioch

2006

In la edición inglesa el imprimatur fue concedido por Mons. William J. Levada, entonces Arzobispo de San Francisco, CA, quien es actualmente el Prefecto de la Congragación para la Doctrina de la Fe.

Impreso en los Estado Unidos

SOLAS *Press,* P.O. Box 4066
Antioch CA 94531 USA.

Library of Congress Cataloging-in-Publication Data

Wall, Antoninus 1925-

[Journey to God. Spanish]

Viajeros hacia Dios/ Antoninus Wall; traducio por Jesús Martín Sanchez

p. cm.

Includes bibliographical references.

ISBN 1-893426-02-5

1. Spirituality –Catholic Church. 2. Catholic Church –Doctrines. I. Title.

BX235.65.W3418 2006

248.4'82 – dc22

2005057604

ISBN-10 1-893426-02-5

ISBN-13 978-1-893426-02-3

A mis padres

Pregunta a las bestias, que te instruirán,
a las aves del cielo, que te lo dirán,
si no a los reptiles, que te informarán,
te lo contarán los peces del mar.
¿Quién no sabe entre todos ellos
que todo esto lo hizo la mano de Dios,
que su mano retiene el hálito de los vivientes,
el espíritu de todo ser humano?

Job, 12, 7-10.

Las abreviaciones utilizadas del Nuevo Testamento:

Ef	Carta a los Efesios
Flp	Carta a los Filipenses
Gá	Carta a los Gálatas
Hch	Hechos de los apóstoles
Jn	Juan
Lc	Luca
Mc	Marco
Mt	Mateo
Rm	Carta a los Romanos
1 Co	1 Carta a los Corintios
2 Co	2 Carta a los Corintios

Prefacio

Este libro se inscribe en la línea de la tradición católica. Su base escriturística presenta al Jesucristo del evangelio, y no al escurridizo, subjetivado Jesús histórico. Su teología procede en primer lugar de Tomás de Aquino.

Mi propósito es ofrecer una visión clara del significado de la existencia humana, teniendo presentes su amoroso origen y su meta de amor. Mi deseo es esclarecer la dinámica del desarrollo humano en su movimiento hacia la unión con Dios, que es el alfa y omega de la existencia.

He tratado de evitar los elementos del misterio de este viaje que distraerían del tema esencial. Sin embargo, reconozco que el plan seguido puede despertar preguntas que no resuelve. No obstante, es preferible que subsistan tales preguntas sin contestar, antes que seguir ignorando el significado de la existencia humana. Las preguntas estimulan la mente hacia la vida y forman parte de lo que constituye el viaje hacia Dios.

En mi esfuerzo por esclarecer las etapas del viaje del alma hacia Dios, estoy particularmente agradecido por su ayuda a Catherine y Dominic Colvert. Ambos me han sugerido ideas valiosas y ánimos para concluir el libro. También estoy agradecido a muchos otros, en especial Basil Cole, Brendon Colvert, Leo Daly, Brian Mullady, Fabian Parmesano y Philip Valera por sus juicios críticos. Lo bueno de este libro se debe tanto a sus esfuerzos, como al mío. Encuentro fácil admitir la responsabilidad de los defectos; después de todo, es un pequeño libro sobre un largo viaje.

A. Wall

Oakland

Noviembre, 1998

Nota del Editor

Este libro recoge una serie de charlas que exploran el sentido de la vida. Sólo cuando nuestra existencia cobra sentido y finalidad nos sentimos movidos hacia una actividad vital. Por ello, este libro tiene como meta procurar un conocimiento afectivo. El conocimiento afectivo nos mueve a la acción como distinta de la especulación, que tan sólo enriquece nuestro entendimiento.

Sin embargo, la afectividad procede de manantiales diferentes. La conclusión aquí obtenida es que la verdad se basa en dos pilares gemelos: la fe y la razón. Cuando Jesús reconvenía a sus discípulos: *¡Hombres de poca fe!*, no estaba pidiendo una actitud ciega. Les estaba diciendo que tuvieran valor para recorrer los pasos que les dictaba cuanto iban conociendo de él.

Inevitablemente ha sido necesario realizar algunos cambios en la fluidez del lenguaje cuando se pasa la palabra hablada a la forma escrita. Sin embargo, conscientes de la fuerza del predicador, nos hemos esforzado en ofrecer una versión natural de la palabra hablada. Se han puesto notas para quienes posteriormente deseen profundizar estos temas.

CONTENIDO

Prólogo

Todo viaje es un proceso formado de varias partes. El avance del viajero a lo largo del camino se mide por las señalaciones de distancia, por medio de las cuales puede verificar su progreso. El Padre Wall nos demuestra que esto vale igualmente para la vida espiritual.

Antes de emprender un viaje es necesario prepararse para él. Para iniciar nuestro viaje hacia Dios, única meta verdadera de nuestra vida, primero tenemos que mirarnos dentro de nosotros mismos y reflexionar sobre la verdad de que Él penetra todo rincón y médula de nuestro ser. Desgraciadamente, esta verdad se nos escapa en el frenesí de nuestra vida cotidiana. Dios está siempre presente, pero nosotros no estamos presentes ante Él. Hacernos presentes ante Él requiere un viaje espiritual, un viaje de despertar, un viaje de amor al Amor.

Nuestro viaje hacia Dios es, -como el Padre Wall nos enseña en este sugestivo libro-, un proceso de toda la vida. Está señalizado por tres piedras miliarias, que el P. Wall llama "las tres etapas del despertar": el espejo de la naturaleza, el espejo de Cristo visto fuera de nosotros, el espejo de Cristo visto dentro de nosotros. El primero de estos jalones que nos ayudan a despertar es una reflexión sobre el esplendor de la naturaleza que nos rodea, que no es más que un reflejo de la belleza de Dios, que todo invade. Nos ayuda a apartarnos de nuestro egocentrismo y representa un avance importante, pero todavía insuficiente.

El segundo jalón, el espejo de Cristo visto fuera de nosotros, nos presenta al Señor en toda la belleza de su personalidad como nuestro compañero de camino. Esto hace despertar en nosotros un amor más profundo. Pero todavía no hemos llegado, y pudiéramos quedarnos a mitad del camino.

El tercer jalón, el espejo de Cristo dentro de nosotros, completa finalmente nuestra inmersión en Cristo, de tal forma que en palabras de San Pablo: "Ya no vivo yo, es Cristo quien vive en mí". Para darnos ánimos en este camino, el Padre Wall recurre al ejemplo estupendo de un viajero que acertó el camino, el muy humano apóstol Pedro.

El Padre Wall puede bien guiarnos durante este viaje. En cuanto dominico empapado en la teología de Santo Tomás de Aquino, veterano profesor de espiritualidad, predicador itinerante y director de almas, está bien cualificado para describir este viaje del alma. Sabe presentarnos las más profundas verdades de la fe y de la sicología humana de forma clara, atrayente y fácilmente asequible. Los capítulos finales son una descripción del gozo que le espera al viajero cuando alcanza finalmente su meta. La descripción, como señala el P. Wall, tiene que quedar infinitamente lejos de la realidad, puesto que "ni ojo vio, ni oído oyó lo que Dios tiene preparado para los que le aman".

Gerald A. Buckley, O.P.

San Francisco

Noviembre, 1998

VIAJEROS
HACIA DIOS

CAPÍTULO UNO

El Viaje

El viaje hacia Dios, un concepto cristiano

§

No es un viaje en el espacio

§

La fe católica dice que Dios es omnipresente

§

La presencia de Dios nos conserva en la existencia

§

EL VIAJE

Todo verdadero cristiano cree que la salvación viene por Jesucristo. Está de acuerdo con la buena noticia que encuentra por doquier en pegatinas sobre los parabrisas de los coches: *Jesús salva.* Sostiene que Jesucristo vino a este mundo para conducirnos a una unión de amor con Dios, a quien veremos cara a cara.

El símbolo más común de la dinámica de la salvación cristiana es el de un 'viaje'. El *Catecismo de la Iglesia Católica* enseña: "Dios quiso libremente crear un mundo 'en estado de vía' hacia su perfección última."[1] Cristo viene a guiarnos como peregrinos en este viaje. El viaje terminará con el encuentro amoroso, cara a cara, con nuestro Padre celestial.

Los cristianos entienden frecuentemente el viaje en términos de distancia. Lo conciben como un ir desde un lugar donde Dios no está, a otro lugar donde se halla presente. Implica, en una palabra, un movimiento desde aquí, donde Dios no está presente, a otro lugar donde sí lo está.

Muchos cristianos fundamentalistas tienden a imaginar el viaje de salvación en estos términos de espacio. Dicen que éste es un mundo de pecado, donde Dios no está presente. Según esta concepción, Jesús viene a este mundo pecador y falto de Dios para liberarnos de este lugar donde Dios no se halla y conducirnos a otro mundo, el cielo, donde Dios habita.

Algunos católicos caen también en esta concepción espacial del viaje hacia Dios. Esto explica el entusiasmo de muchos católicos cuando van en peregrinación a Tierra Santa, Lourdes, Fátima u otros lugares sagrados.

Detrás de ese entusiasmo se halla una concepción espacial, que sitúa a Dios más presente en esos lugares que en el hogar, la ciudad o el campo. Si yo pudiera abandonar este lugar del mundo, -piensan-, donde Dios deja ver poco o ninguna señal de su presencia, y viajar a este o aquel lugar sagrado, me encontraría en la presencia de Dios y habría avanzado notablemente en mi camino de salvación.

Dentro de la misma parroquia hay católicos que caen en esta forma de pensar. ¡Cuántos creen que su parroquia es el lugar donde Cristo habita realmente, y que sólo allí puede ser encontrado! Así dejan sus casas, -la profana cocina, los profanos comedor, dormitorio, sótano, donde Dios no está presente-, y se encaminan a la parroquia donde él vive y donde entran en su presencia. Nos encontramos de nuevo con la idea de un viaje en el espacio desde un lugar donde Dios no está, a otro lugar donde Dios está.

¿Qué nos enseña la fe católica sobre este modo de pensar? La fe católica dice que Dios está en todas partes. Nos enseña que Dios está totalmente presente en la tierra, como lo está en el cielo. Afirma que Dios está totalmente presente en nuestra nación, ciudad o casa, como lo está en Tierra Santa, Lourdes, Fátima o en cualquier otro lugar santo. La fe sostiene que está tan presente en nuestra cocina, sótano, sala de estar, dormitorio o jardín, como en la iglesia parroquial. Por ello está tan presente en nuestra casa, como lo está en la basílica de San Pedro en Roma. El término exacto para entender este misterio es que Dios es omnipresente.[2]

Decir que Dios *por su parte* está totalmente presente en todas las criaturas es hablar de la presencia objetiva de Dios en todos los seres. La presencia real de Dios produce efectos diversos en personas diversas. Consiguientemente, la experiencia subjetiva de la presencia de Dios produce relaciones diferentes para con él. Más adelante trataremos de los cambios subjetivos que progresivamente van haciendo despertar a las personas hacia la presencia objetiva de Dios en sus vidas.

Según la fe católica tenemos que afirmar que Dios, por su parte, está tan plenamente presente en ti y en mí como en los más grandes santos. Aun más, debemos sostener que está tan plenamente presente en nosotros en este preciso momento como lo está en la Virgen María. La doctrina de la fe católica sobre la omnipresencia de Dios puede parecernos extraña, pues entiende que Dios está tan presente en cada uno de nosotros como lo está en la naturaleza humana de la Segunda Persona de la Santísima Trinidad, la Palabra hecha carne.

La omnipresencia de Dios no se opone en ningún modo a cuanto sabemos por la fe, que Dios es radicalmente 'otro' distinto de nosotros. Trasciende infinitamente nuestra existencia humana y toda realidad creada. Estos dos aspectos del misterio del Altísimo ponen a prueba cada día nuestra comprensión de él y cualifican nuestras relaciones con él.

Santo Tomás de Aquino[3] enseña que Dios está más cerca de nosotros que nosotros mismos. Al mismo tiempo es radicalmente 'otro' distinto de nosotros y sobrepasa el orden entero del ser creado. Los términos técnicos para estos dos aspectos de la divinidad son 'inmanencia' y 'trascendencia'. La creencia en la omnipresencia de Dios refleja la divina inmanencia. No debería oponerse a nuestra creencia en su divina trascendencia.

San Pablo expresa el misterio de la inmanencia divina cuando enseña: "En él vivimos, nos movemos y existimos."[4] Según él, somos como peces que nadamos en un océano de amor divino. El amor de Dios está alrededor de nosotros y dentro de nosotros.

Santo Tomás señala que si el amor de Dios no estuviera continuamente presente en nosotros, no existiríamos. Se sirve de un ejemplo sencillo, hermoso de San Agustín para ilustrar nuestra relación con la actividad creadora del amor de Dios.

Dice que somos como rayos de luz que vienen de la acción iluminadora del sol.[5]

Lo mismo que los rayos de luz necesitan la acción del sol para comenzar a existir, así también dependen de la acción continua del sol para seguir existiendo. Quitad el sol y los rayos de luz dejarían inmediatamente de existir.

Podríamos sustituir el sol de que nos habla San Agustín por una linterna moderna. Si tuvieras que ir a un cuarto oscuro y encendieras una linterna, inmediatamente nacería un rayo luminoso. Ese rayo dependería de la actividad de la linterna no sólo para comenzar, sino también para continuar. No podrías apagar la linterna y salir de la habitación para volver tan sólo cinco minutos más tarde y encontrar el rayo todavía resplandeciendo. Cuando cesa la actividad iluminadora de la linterna, cesa al punto el rayo de luz. Nosotros somos como rayos de luz que brotan de la acción creadora del amor divino.

Este amor no sólo es necesario para comenzar a existir. Es indispensable para continuar existiendo en esta vida y en la futura. En el mismo instante en que Dios dejara de estar en nosotros más presente que nosotros mismos, *nosotros* inmediatamente dejaríamos de existir.

Esta dependencia radical de la presencia de Dios es cierta no sólo para nosotros, sino que se aplica a todo el orden de la creación. Por ello los católicos sostienen que Dios está tan plenamente presente en la tierra, como lo está en el cielo.

Afirmamos que Dios está tan presente en nuestra nación, en nuestra ciudad o en nuestra casa como lo está en Tierra Santa, Lourdes, Fátima o cualquier otro lugar sagrado. Sostenemos que está tan plenamente presente en nuestra cocina, dormitorio, sótano, sala de estar y jardín como lo está en nuestra iglesia parroquial. Así pues, no tenemos que ir a ninguna parte para estar en su presencia.

Si decidiéramos ir en avión como peregrinos a Tierra Santa, Dios estaría plenamente presente con nosotros en el aeropuerto de salida. Estaría igualmente presente mientras fuéramos viendo una película durante el vuelo, o mientras sobrevoláramos el Océano Atlántico.

Cuando llegáramos al aeropuerto de Tierra Santa, él estaría con nosotros tan plenamente presente en aquel momento, como lo encontraríamos luego en Belén o en Nazareth, junto al Lago de Galilea o en el Monte Olivete. Ésta es la fe católica en la omnipresencia de Dios. Tú y yo no tenemos que ir a ninguna parte para hallarnos en la plenitud de su presencia.

Imagina que la mañana de un frío domingo invernal entras en el dormitorio de los niños para despertarlos y prepararlos para ir a misa y que, como respuesta a tu llamada, ellos no quieran salir de su cama caliente. Te dicen que Dios ya está presente bajo sus sábanas, que está tan presente en su cama caliente como en la parroquia ... Es doctrina elemental, sana, sobre la omnipresencia de Dios, y Santo Tomás sonreiría ante su acertada, teológica perspicacia.

Entonces, si Dios ya está presente para ti y para mí, tan presente como pueda estarlo en sí mismo, ¿qué entendemos por 'viaje de salvación'? ¿Qué necesidad tenemos de que Cristo nos lleve a una divina presencia, que ya existe en nosotros? Son preguntas que tenemos que ir poniendo en claro.

---

[1] *Catecismo de la Iglesia Católica,* 310.

[2] Es ciertamente un misterio cómo Dios, que es uno, pueda estar en todas partes. Sin embargo, dentro de nuestra propia experiencia como seres humanos, -simples partículas en el universo físico-, nuestra inteligencia sobrepasa todas las cosas materiales. El universo está dentro de nosotros a través del conocimiento. Santo Tomás de Aquino dice (*Contra Gentes*, IIIa, Cap.68): "Pero Dios es invisible en cuanto existe fuera de la categoría de la cantidad continua ... Existía desde la eternidad antes de que existiese algún lugar. Sin embargo, por la inmensidad de su poder alcanza todas las cosas que ocupan un lugar."

---

[3] Tomás de Aquino vivió en el siglo XIII. Ingresó en la orden dominicana a los 26 años de edad, en Nápoles, Italia. Murió en 1274 y fue canonizado en 1323. Su síntesis de fe y razón, de las ciencias morales y políticas, del pensamiento griego y cristiano representa la cima del pensamiento escolástico. Nos referiremos a él como 'Santo Tomás' en lo restante de este libro.

[4] Hch 17.28.

[5] Tomás de Aquino *Summa Theologia* I, Q 104.

CAPÍTULO DOS
La Presencia

La omnipresencia de Dios no obsta

para su trascendencia

§

La inmanencia de Dios no significa

que esté plenamente manifiesto en todas las criaturas

§

La creación es obra del arte divino

§

La presencia de Dios

conserva todas las cosas en la existencia

§

Por qué vamos en peregrinación a los Santos Lugares

§

Por qué visitamos la iglesia parroquial

§

LA PRESENCIA

Afirmando la omnipresencia de Dios, como hemos hecho, se proclama abiertamente que Dios habita, está inmanente en todas las cosas. Nuestro ajetreo diario tiende a ocultarnos este hecho. Proclamando la inmanencia de Dios en el orden creado, nuestra visión se extiende a toda la naturaleza del mundo en que vivimos. Sin embargo, no estamos propugnando ninguna forma de panteísmo católico. No debemos deslizarnos hacia una forma de *New Age* de conciencia religiosa. El movimiento *New Age* afirma la divina inmanencia, pero niega al mismo tiempo o pone en peligro la trascendencia divina.[1]

Todas las religiones tienden a oscilar desde un extremo en que se afirma la inmanencia de Dios poniendo en peligro su trascendencia, a otro extremo en que la afirmación de la trascendencia de Dios hace peligrar el hecho de su inmanencia. La originalidad de la fe católica se pone de manifiesto en su acierto al afirmar los dos aspectos de la divinidad. El Catolicismo afirma inmanencia y trascendencia en una forma equilibrada, que hace justicia a las dos.

Guardar el equilibrio entre la trascendencia y la inmanencia va siempre acompañado de alguna tirantez. La mayoría de las grandes luchas dentro de la fe católica tienen como causa precisamente esta tensión. En realidad, muchos de los conflictos existentes hoy día en la Iglesia giran en torno a este tema.

Considerad el problema de la madre que sigue de pie a la puerta del dormitorio de sus hijos. Hay que hacer dos distinciones en la perspicaz sabiduría teológica católica que encierra el argumento de los niños, que no quieren dejar las sábanas calientes y salir al frío para asistir a misa. Estas distinciones son esenciales para la comprensión católica de nuestro viaje de salvación.

La primera distinción es clara y sencilla: Una cosa es decir que Dios está presente en toda criatura del cielo y de la tierra y otra, muy diferente, es decir que él manifiesta su presencia total e idénticamente en todas las criaturas. Es claro que todas las criaturas revelan al Creador de forma diversa.

La segunda distinción está también de acuerdo en que Dios se halla presente en todas partes. Nosotros, por tanto, estamos en su presencia. Esta distinción señala que ello no significa que nosotros, criaturas, seamos capaces de experimentar su presencia. Más tarde hablaremos del modo en que se despierta nuestra capacidad de experimentar a Dios.

Ciertamente Dios está presente en los lirios del campo y manifiesta su presencia en ellos de una determinada forma. Sin embargo, los lirios no agotan totalmente su poder creador; tan sólo manifiestan una expresión o revelación limitada de ese poder.

Dios está igualmente presente en los pájaros del cielo. También ellos ofrecen una manifestación de su presencia y poder, pero totalmente diferente de la ofrecida por los lirios del campo. Asimismo Dios revela su presencia y poder en la inocencia y candor de los niños. Aunque éstos ofrecen una revelación muy diversa y mucho más maravillosa del amor creativo de Dios, son también son una manifestación parcial de la potencia creadora de su amor.

Ninguna criatura o grupo de criaturas puede manifestar de forma adecuada el poder infinito y el amor de Dios. Por esto Santo Tomás afirma que la creación requiere semejante variedad infinita y diversidad de criaturas a fin de que entre todas ofrezcan una revelación más adecuada de este poder y amor divinos.[2]

El sentido católico es que la creación no está motivada por necesidad, sino por la libre elección del amor de Dios para compartir con nosotros sus perfecciones. Dado esto, la increíble multiplicación y variedad de criaturas es consecuencia lógica del designio amoroso de Dios para superar las limitaciones inherentes a los seres creados y ofrecer en su multiplicación una revelación más completa de su amor.

Si Dios eligiera revelar algo de la infinitud de su poder, la inmensidad de los cielos cumple con esta intención. Vemos cómo nuestra inteligencia queda asombrada ante la realidad del cosmos. En él esta tierra no es más que una mota de polvo. La luz de los cuerpos distantes millones de años de luz nos llega a los hombres que miramos desde esta mota. Contemplándolo, comenzamos a tener una noción, todavía inadecuada, de lo que significa la infinitud aplicada a Dios.

Si Dios quisiera manifestar algo del misterio de su ser, el microcosmos cumple este designio. La materia está formada de partículas minúsculas y fuerzas que escapan a los más complejos sistemas matemáticos que pretendan hacérnoslas inteligibles. De vez en cuando los científicos llegan al convencimiento de que pueden descubrir todo lo que hay que saber sobre este mundo con sólo lograr reducirlo a los elementos de que está formado. Para su sorpresa, cuanto más avanzan en descomponer la materia, tanto más compleja se revela ésta en su ser. Cuanto más notable es su logro, tanto más pequeños se ven ante el misterio que encierra la más minúscula partícula del ser.

Ante los grandes éxitos de la ciencia física, las palabras de San Pablo adquieren mayor sentido: "¡Oh profundidad de la riqueza, de la sabiduría y de la ciencia de Dios! ¡Cuán insondables son sus juicios e inescrutables sus caminos! Porque, ¿quién conoció el pensamiento del Señor? ¿Quién fue su consejero?"[3]

Santo Tomás describe el trabajo de la creación de Dios como una obra de arte divino.[4] Igual que el artista deja la impronta de su genio en sus artísticos logros y éstos nos revelan algo de su talento, también Dios encarna su sabiduría, amor y poder en todas y cada una de sus criaturas. Las criaturas todas ofrecen reflejos de su origen divino.

Miguel Ángel revela aspectos diferentes de su genio en la Capilla Sixtina, en la Pietà, en el Moisés y en el David.[5] Cada una de estas obras refleja inadecuadamente sólo parte de su genio creador. Igualmente Dios revela diferentes facetas de su poder creativo en los lirios del campo, los pájaros del cielo, la inmensidad del espacio, el misterio inalcanzable de la materia y el milagro de los niños. Todos nos ofrecen reflejos limitados de su ilimitado poder.

Para apreciar algo del genio de Miguel Ángel, tendríamos que reunir en un mismo lugar todas sus obras. Esto ofrecería una experiencia más adecuada de la amplitud y profundidad de su talento artístico. Aun entonces, ya que mucho de Miguel Ángel permanece oculto en las obras que poseemos, la colección entera seguiría ofreciendo una visión incompleta de su genio.

Todavía es más radicalmente cierto que la exposición conjunta de todas las criaturas de Dios ofrece sólo la parcial, inadecuada manifestación de su poder creador. Nos recuerda que él trasciende infinitamente estas obras, por maravillosas que sean.

Miguel Ángel murió hace mucho tiempo. Sin embargo su obra continúa existiendo para que nosotros la contemplemos, porque él la realizó sobre materiales como la piedra, el lienzo o la pared, que existen independientemente de él. Aunque Miguel Ángel ya no está sobre la tierra, su Pietà permanece con nosotros, porque el mármol en que la esculpió sigue existiendo. Depende del artista sólo para su realización maravillosa y su forma, pero no para su existencia.

Si hiciéramos una comparación entre el trabajo creativo de Dios y el del artista, deberíamos tener presente la importante observación de Santo Tomás. Cuando Dios actúa, -a diferencia de Miguel Ángel, que es sólo causa parcial de su obra-, él es la causa total. Todo el resultado de su creatividad depende inmediatamente de su poder conservador, como el rayo de luz que procede del sol. Si Dios retira su poder conservador, la obra dejará de existir.

Cuando contemplamos la Pietà, comprobamos que perdura el efecto de la actividad creadora de Miguel Ángel, que comenzó hace quinientos años y que luego llegó a su término. Cuando contemplamos las criaturas de Dios, estamos experimentando algo de la continua, constante actividad creadora de Dios.

Miguel Ángel está encarnado en su obra y nosotros sentimos su presencia en aquella obra. Sin embargo, la suya ya no es una presencia viva, continua. La presencia de Dios en su obra creadora es una presencia viva, continua, creadora, dinámica. A Dios le vemos actuando cuando contemplamos los lirios, los pájaros, los amaneceres, los niños. Jesús nos enseña que no cae una golondrina a tierra sin que ya esté previsto en la providencia amorosa de Dios.[6] Cuando San Francisco de Asís contemplaba el esplendor del Hermano Sol naciendo por la mañana, estaba experimentando el amor creador del Padre en el acto mismo de crear el amanecer.

En este sentimiento de asombro ante la presencia amorosa de Dios, de quedar cautivados por las acciones del Creador en todo tiempo, es como los católicos deberían comprender el encanto de ir en peregrinación a los santos lugares. No es porque Dios, por su parte, esté más presente en aquellos lugares de cuanto lo está en nuestras casas. Es porque Dios libremente escogió manifestar su presencia de forma especial en aquellos lugares del mundo. Consiguientemente, el ir a esos santos lugares y revivir las revelaciones incomparables de su presencia robustece nuestra experiencia de Dios.

Consideremos, por ejemplo, Tierra Santa. Vamos allí porque hace dos mil años Dios escogió revelar su presencia en aquella tierra sagrada de forma única, asumiendo nuestra naturaleza y haciéndose uno de nosotros. No escogió para realizar esto ni New York ni California, sino Israel.

Robustece nuestro recuerdo ir a Belén y a Nazareth, pasear a orillas del lago de Galilea donde Jesús paseaba con sus discípulos. Sentimos y percibimos la presencia divina en el huerto de Getsemaní, donde Jesús sufrió su agonía. Los lugares donde Dios revela su presencia de modo particular cobran un significado especial. El significado no es, desde luego, porque esté allí más plenamente presente que en cualquier otro lugar de la creación.

¿Cuál es la importancia referente a la presencia de Dios en nuestras parroquias como distinta de su presencia en nuestras casas? ¿Qué tenemos que decir respecto a los niños que siguen en su cama caliente y no ven la necesidad de salir del calor al frío para asistir a misa? Nuestras iglesias son lugares especiales, sagrados, no porque Dios esté en ellas más presente que en cualquier otra parte.

Vamos a la iglesia, porque allí encontramos la persona de la Palabra de Dios en la naturaleza humana de Cristo. La presencia de Cristo en la Eucaristía trasciende la presencia de Dios tal como se encuentra en Tierra Santa, Lourdes o en cualquier otro lugar sagrado.

En cuanto a los niños en su cama caliente que discuten la necesidad de ir a misa, la respuesta sería algo así: "Tenéis razón. Dios está tan presente en vuestras camas como en la iglesia parroquial. Pero como Cristo no está plenamente vivo en vosotros, no podéis experimentar su presencia. Por tanto vamos a ir a la parroquia para encontrarnos con la presencia de la naturaleza humana de Cristo. Vamos a invitar a Dios, que actúa a través de la Palabra hecha carne, a que nos traiga a Cristo vivo más plenamente. Así volveremos a casa no trayendo a Dios con nosotros, porque él ya está en ella, sino trayendo una nueva conciencia y respuesta a su presencia por medio de Cristo que ha venido con más vida a nosotros."

LA PRESENCIA

La Eucaristía es el instrumento extraordinario por el que Dios ha escogido efectuar los cambios espirituales más profundos en nuestras vidas. A través de la venida viva de Cristo a nosotros, finalmente nos despertamos al Dios omnipresente.

---

[1] Dios es trascendente porque en cuanto creador del universo es independiente de todo y sobrepasa toda la creación. No hay que considerar la inmanencia y la trascendencia como contrarias entre sí.

[2] *Cf.* Tomás de Aquino, *Compendium Theologicum,* I, 102.

[3] Rm 11, 33-34.

[4] *Cf.* Tomás de Aquino, *Compendium Theologicum,* I, 102.

[5] Michelangelo Buonarotti es probablemente el mayor artista que haya producido la civilización occidental. Es opinión prácticamente universal que es el supremo artista del Renacimiento. Nació en 1475 y murió en Roma en 1564. Sus obras de gran influencia en arquitectura, pintura y escultura son famosas por su contenido humanístico y profundamente religioso.

[6] *Cf.* Mt 10, 29.

CAPÍTULO TRES
El Despertar

Aunque Dios está presente, podemos no ser conscientes
de la dimensión divina de nuestra existencia

§

El pecado impide nuestra experiencia de Dios

§

Pecamos volviéndonos hacia los dones de Dios
Y buscando en ellos la felicidad que debemos
buscar en Dios

§

Cristo viene para despertarnos hacia Dios

§

El viaje es un proceso que dura toda la vida

§

La naturaleza humana de Cristo es el modelo
para nuestro viaje

§

EL DESPERTAR

Como queda dicho, la fe católica en la omnipresencia de Dios nos presenta dos distinciones importantes en su aplicación al viaje de salvación. Hemos visto que Dios se manifiesta de modo diferente en cada una de las criaturas, aunque se halla plenamente presente en todas ellas. La segunda distinción sostiene que es cierto que Dios está ya presente en nosotros; sin embargo, el hecho de que él, por su parte, esté siempre y totalmente presente no significa que nosotros estemos ya experimentando su presencia.

Si yo me pusiera a la puerta de casa mirando al mediodía en un día de sol, la luz del sol estaría presente en mí. Sin embargo, si yo fuera ciego no vería nada. Si yo estuviera sentado en la sala de un concierto mientras la orquesta interpreta una espléndida sinfonía de Beethoven, la música maravillosa estaría presente en mí y en toda la sala. Sin embargo, si yo fuera sordo, no oiría nada. Si alguien me rociara con un perfume precioso de forma que yo quedara envuelto por su fragancia, la fragancia estaría presente. Pero si mi olfato estuviera atrofiado, yo no olería nada. Si alguien rozara sobre mis dedos la piel más fina o la seda más suave, se produciría sobre mis sentidos una maravillosa experiencia. Sin embargo si mis dedos estuvieran secos, no sentiría nada. Si uno de esos grandes *chefs* de fama mundial me preparara un plato extraordinario y me invitara a comer, ante mí se encontraría un maravilloso sabor. Sin embargo, si mis papilas gustativas estuvieran deterioradas, yo no gustaría nada.

Recordemos las palabras de San Pablo al describir la presencia de Dios: "Pues en él vivimos, nos movemos y existimos."[1] Según San Pablo, Dios se halla totalmente presente a nuestro alrededor y dentro de nosotros.

Somos como peces nadando en un océano de amor divino. Desgraciadamente, somos peces ciegos y sordos, incapaces de ver y oír su presencia. Somos incapaces de percibir la fragancia maravillosa que acompaña su presencia.

¿Qué es lo que impide nuestra capacidad de experimentar a Dios, aunque él haya estado presente en nuestras vidas desde el principio? Jesús nos enseña que la primera barrera para nuestra experiencia de Dios es el pecado. Nosotros pecamos entregándonos a sus criaturas y buscando en ellas una felicidad que sólo Dios puede dar.

Obramos como si esos dones preciosos no vinieran de él, sino que nos pertenecieran por propio derecho. Así, usamos sus regalos para excluirle de nuestras vidas. Las consecuencias del pecado son la ceguera y la sordera espiritual. El pecado destruye las potencias espirituales que nos permitirían ver, oír, gustar, percibir y tocar la divina presencia.

Los símbolos del pecado en los evangelios son precisamente las enfermedades físicas, como la ceguera, la sordera o la lepra. Estas enfermedades vienen con la pérdida parcial o total de receptividad vital.

Cuando Jesús sanaba enfermos, resucitaba muertos, devolvía la vista a los ciegos y el oído a los sordos, o confería el movimiento a los paralíticos, nos estaba enseñando que él tiene poder para curar nuestras enfermedades espirituales. Nos estaba enseñando que tiene poder para abrirnos a la experiencia de la presencia del Padre.

Cristo viene, por tanto, no para traernos a Dios o para llevarnos a Dios, puesto que Dios ya está plenamente presente en nosotros. Cristo viene para efectuar en nosotros los cambios interiores que nos abrirán a percibir y experimentar la presencia de Dios. Cristo viene para hacer que disminuya nuestra miope concentración sobre los dones maravillosos que Dios nos ha concedido para que nos acompañen en nuestra viaje de salvación. A medida que van sucediendo estos cambios interiores, vamos despertándonos gradualmente más y más a la presencia de Dios en nuestras vidas.

El viaje de salvación no es un viaje en el espacio, sino un proceso de despertarnos a la presencia de Dios. Es un cobrar vida, por medio de Cristo, ante la riqueza del poder creador de la presencia del amor de Dios. Es un despertar al amor que estaba con nosotros desde el principio.

El proceso de despertarnos nace de una transformación radical del alma. Esta transformación se conoce como la gracia santificante. La gracia santificante nos da una participación en la vida de Dios, mayor de la que es posible por la sola humana naturaleza.

El crecimiento de la gracia santificante en nosotros supone un complejo progreso de cambio interior. Es un crecimiento dinámico que afecta a todos los aspectos de nuestra vida interior: alma, inteligencia, corazón, imaginación y sentimiento.

El crecimiento interno espiritual ha sido objeto de estudio y reflexión durante dos mil años por parte de los autores inspirados del Nuevo Testamento, de los primeros Padres de la Iglesia, de los grandes teólogos y directores espirituales, de los místicos y de los santos. El crecimiento interno espiritual es el objeto de la llamada teología moral y espiritual. La teología moral estudia entre otras cosas la naturaleza del pecado, la gracia redentora, los sacramentos, las virtudes, los vicios y la dinámica de la oración.

El modelo de este viaje espiritual de despertarnos a Dios es la naturaleza humana de Jesús. En su vida humana tenemos la más clara, más profunda y más completa expresión de la armonía necesaria entre las naturalezas humana y divina para remover todos los obstáculos del encuentro cara a cara con Dios. A la vez que Cristo crece en nosotros, purificando paso a paso y remodelando nuestra vida interior a su imagen y semejanza, vamos despertando progresivamente a la presencia de Dios.

Primero tomamos conciencia de que el amor de Dios nos rodea. Luego advertimos el amor de Dios dentro de nosotros. Jesús nos enseña: "Yo soy el camino, la verdad y la vida. Nadie va al Padre, sino por mí." Igualmente añade: "Si me hubierais conocido a mí, hubierais conocido también a mi Padre; desde ahora me conocéis a mí y lo habéis visto a él."[2]

Cristo es el único camino de salvación que nos revela cómo vivir para Dios. Trataremos ahora de aprender de la vida y enseñanza de Cristo los principios básicos del viaje espiritual de despertarnos a la presencia de Dios.

---

[1] Hch 17.28.

[2] Jn 14, 6-7.

CAPÍTULO CUATRO
El Camino del Amor

El amor nos mueve en el viaje del despertar

Espiritual

§

Experimentar el amor de los demás

Requiere amor en nuestros propios corazones

§

Sólo los santos van al cielo

§

La santidad requiere amor, no fenómenos

Extraordinarios

§

Cristo manifestó amor perfecto

En la cruz

§

El amor es posible para cada uno

Y para todos

§

¿Cómo nos movemos durante el viaje espiritual que nos llevará a la experiencia de la amorosa presencia del Padre? La respuesta viene de la enseñanza de nuestro Señor en los evangelios. Él nos enseña: "Como el Padre me amó, yo también os he amado a vosotros; permaneced en mi amor. Si guardáis mis mandamientos, permaneceréis en mi amor, como yo he guardado los mandamientos de mi Padre y permanezco en su amor."[1] El camino para la unión perfecta con Dios es el camino del amor, del amor perfecto.

El sentido común nos dice que la condición previa para experimentar la capacidad de ser amados de los otros es la presencia del amor en nuestros propios corazones. En la medida en que haya amor en nuestros corazones, podemos experimentar, -pudiéramos decir-, tocar, gustar, oír, ver el amor en los demás.

Podemos estar rodeados de amor, pero si no hay amor en nuestros corazones permanecemos ciegos, sordos e insensibles a su presencia en los demás. Sólo el amor en nuestros corazones nos despierta al amor que nos rodea. Y sólo el amor perfecto nos puede despertar al amor perfecto de Dios.

Dios es amor: perfecto, eterno, infinito, puro amor. El encuentro cara a cara con Dios, por tanto, supone la experiencia del amor perfecto. Así pues, la primera transformación interna que Cristo tiene que efectuar en nosotros es la que nos haga capaces de experimentar el amor puro.

En mis viajes misioneros de parroquia en parroquia, vivo con frecuencia la experiencia siguiente. Llego a una parroquia nueva y me encuentro con uno de los parroquianos. Le digo que me cuente algo de la parroquia. La respuesta puede ser: "Esta parroquia es de lo peor, Padre. No hay más que chismorreos. Se murmura de los demás. La mayoría es gente con ganas de mandar, que quiere manejarlo todo. Padre, usted encontrará poco amor y pocas cosas buenas en esta comunidad."

Si repito la misma pregunta a otro parroquiano, puedo recibir una respuesta totalmente diversa. Esta persona me dice:

> Padre, tenemos gente maravillosa en esta parroquia. Naturalmente tenemos nuestros dolores de cabeza y problemas. Es imposible encontrar un grupo de personas que no tenga sus problemas. Sin embargo, aquí hay gente maravillosa. Usted no puede creer la ayuda extraordinaria que nos viene de la Sociedad de San Vicente de Paul y de la Legión de María. Ahí cerca tenemos a una madre con tres niños que está luchando contra el cáncer. Su fuerza y alegría son un estímulo para todos nosotros. El viejo Joe se pasa horas todos los días en la iglesia rezando por todos. Padre, podría seguir todo el día cansándole con ejemplos de personas estupendas que nos dan ejemplo a todos. Padre, en nuestra parroquia hay muchas personas buenas y ejemplares.

Estas personas me están hablando de la misma gente y ofreciéndome información completamente diferente. Los dos creen que me están informando sobre la comunidad parroquial. Sin embargo, me están hablando de ellos mismos. El primero, sin darse cuenta, me está diciendo que él es una persona egocéntrica, poco amable, que no sabe ver nada bueno en los demás mientras no encajen en el mundo estrecho de sus preocupaciones. La segunda persona, sin saberlo, me está revelando que en su corazón anida un grande y generoso amor por los demás. Por ese amor suyo, sabe reconocer y celebrar el amor que descubre en quienes viven a su alrededor.

Lo repito, es el amor en nuestros corazones el que nos permite reconocer y experimentar, es decir: oír, ver, percibir, tocar, sentir y celebrar el amor que encontramos en los demás. Si el amor está ausente de nuestros corazones, podemos estar rodeados por maravillosas, amables personas, pero permaneceremos sordos, ciegos e insensibles a su amor. Esto es cierto del amor que encontramos en este mundo. Es igualmente cierto de la experiencia de la presencia del amor de Dios.

Permítaseme contar otra experiencia vivida por mí. Llego a una comunidad parroquial donde todos me señalan a una persona, a la que llamaré María. Me dicen:

> Padre, María es la persona más maravillosa. Es la madre de todos. Tus problemas son sus problemas. Tus alegrías son sus alegrías. Es un ejemplo para todos nosotros. Sam, su marido, es la persona más feliz del mundo al tener una esposa tan adorable.

Luego viene Sam a contarme el problema que tiene que soportar:

> Padre, la gran cruz de mi vida es mi esposa, María. Es pésima ama de casa. No sabe cocinar. Ni siquiera sabe hervir agua. Cada vez que saca el coche, sé que volverá con alguna raspadura. Me siento ahí esperando la comida, mientras ella está fuera visitando a alguien en el hospital o a algún enfermo en su casa. Ésta es mi carga pesada, Padre.

¡Pobre Sam! Todos pueden ver la bondad de María, menos él. Sam cree que me está hablando de su mujer. En realidad me está hablando de él mismo. Me está revelando que en su corazón hay poco amor y que por ello está ciego e insensible ante la bondad de su esposa, que todos los demás en la parroquia ven y celebran.

Mientras Sam no se convierta en una persona con más amor, nunca verá lo que los otros ven en María. Si no puede reconocer y responder a la bondad de María, a la que puede ver, oír y tocar, ¡cómo podrá reconocer y responder a la presencia invisible del amor divino! Jesús dice esto sencillamente: "Si al deciros cosas de la tierra no creéis, ¿cómo vais a creer si os digo cosas del cielo?"[2] Si no respondemos al amor que nos rodea, ¿cómo podremos responder al amor de Dios que no vemos?

Hace poco celebré misa ante un grupo de jóvenes estudiantes católicos en la fiesta de Todos los Santos. Eran alumnos de primer curso hasta octavo. Comencé mi homilía preguntando: "¿Cuántos de vosotros queréis ser santos?" Se alzaron lentamente, indecisas, tres o cuatro manos de los de primero y segundo. De los estudiantes mayores ni uno solo levantó la mano.

Luego pregunté: "¿Cuántos de vosotros queréis ir al cielo?" Inmediatamente se levantaron todas las manos, sin titubear. Incluso alguno, en su prisa por ir al cielo, alzó las dos manos.

Yo les dije: "Aquí tenemos un problema. Por lo que yo sé, el único camino para llegar al cielo es el de ser santos. El único 'billete para el cielo' es la santidad. Si todos vosotros vais al cielo, y yo ruego que así suceda, las únicas personas que encontraréis allí serán los santos. Si realmente queréis ir al cielo y pasar vuestra eternidad con los que amáis: vuestros padres, familiares y amigos, tendréis que pensar seriamente en haceros santos."

Cuando la gente duda ante el pensamiento de hacerse santos, se debe generalmente a una noción errónea de la santidad. Muchos identifican la santidad con fenómenos raros, mortificaciones extraordinarias, extrañas experiencias místicas, revelaciones, apariciones, realización de milagros, éxtasis, profecías y otros fenómenos fuera de lo normal.

La santidad en su esencia tiene poco que ver con ese género de cosas extraordinarias. Poco encontramos de todo eso en la vida de Santa Teresita del Niño Jesús. Lo que le hizo una gran santa fue que ella realizó lo ordinario, las cosas de cada día con un amor extraordinario.

No se lee que María haya realizado milagros, aunque en Caná fuera ella la que provocó uno. Aparte de dos sueños significativos, no leemos nada de sucesos extraordinarios en la vida de San José. Sabemos que fue un buen marido y padre. Podemos suponer que fue un buen carpintero. Nadie en la aldea de Nazareth sospechaba nada extraordinario en la Sagrada Familia.

Después de ver de cerca a Jesús durante tres años en la aldea, nadie quedó más sorprendido que sus mismos paisanos cuando Jesús comenzó su ministerio público. Decían: "¿No es éste el carpintero, el hijo de María?"[3]

Jesús nos enseña que la santidad se basa en una realidad esencial, el amor. "Amarás al Señor tu Dios con todo el corazón, con toda tu alma y con toda tu mente. Éste es el mayor y primer mandamiento. Y el segundo es como éste: Amarás a tu prójimo como a ti mismo. En estos dos mandamientos consiste la ley y los profetas."[4]

Volvamos de nuevo a la descripción que Jesús nos hace del camino de salvación: "Como el Padre me ha amado, así lo he amado yo; permaneced en mi amor. Si guardáis mis mandamientos, permaneceréis en mi amor, como yo he guardado los mandamientos de mi Padre y permanezco en su amor."[5] Éste es el proyecto de su Padre para con nosotros. Si no trabajamos seriamente para hacernos santos, significa que estamos diciendo 'no' al proyecto de Dios.

Santidad significa amor y el amor es el único camino para el encuentro cara a cara con Dios. El viaje de salvación es, en primer lugar, un viaje interno de transformación del corazón, del amor imperfecto al perfecto. Esta transformación sólo se puede realizar por medio de Cristo. ¿Cuál es el único y más radical cambio que Cristo tiene que realizar en nosotros? Cristo viene a tomar posesión de nuestros corazones. Viene a cambiar nuestro corazón de piedra en un corazón lleno de su amor.[6]

Muriendo en la cruz, Jesús nos da la suprema lección de amor. Lo vemos colgado allí, un hombre destrozado, desamparado, impotente, desposeído de todo. Abandonado de sus amigos, traicionado por el más allegado a él, mofado por sus enemigos, inmovilizado físicamente, imagen de la absoluta impotencia. Sus enemigos han logrado despojarle de todo, excepto de una última posesión: la libertad interior de escoger cómo reaccionar ante su trágica situación.

Con su último suspiro, ejercita esa libertad interior levantando sus ojos al cielo y rogando: "Padre, perdónalos, porque no saben lo que hacen."[7] Realizó el más perfecto acto de amor que jamás haya brotado de un ser humano. Su acto de amor contenía en sí la plenitud del amor divino. Su acto de amor dio origen al amor divino en nuestro mundo de una forma radicalmente nueva.

Con este acto de amor Jesús venció el odio de sus enemigos, obtuvo victoria de la derrota y derrotó el mundo del pecado humano. ¡Su victoria abrió las puertas del cielo! ¡La unión amorosa cara a cara con Dios ya queda abierta ante nosotros!

Jesús en la cruz nos enseña que para amar no se necesita más que un corazón grande, generoso. La esencia de la santidad es el amor. No puedes argüir, por tanto, que no puedes aspirar a la santidad porque eres demasiado pobre, demasiado viejo, demasiado joven, físicamente minusválido, sin educación, sin cultura, irrelevante en el mundo social, sin talento, un nadie, solo, emocionalmente triste, falto de habilidad artística, feo, menospreciado, tartamudo, nervioso, enfermo, enfermo terminal o débil de cualquier otra manera.

Todo eso nada tiene que ver con tu capacidad para amar. Entre los más grandes santos encontrarás quienes sufrían de todas ésas u otras limitaciones humanas.

Ni puedes argüir que tú quisieras ser una persona mejor, pero que los demás no te lo van a permitir. Nadie tiene tal dominio sobre tu libertad interior. La única persona que tiene ese dominio y puede apartarte del crecimiento en el amor eres tú mismo. Si no estás creciendo en amor, no existe otra explicación. Tú, eres tú quien escoges no amar. Ésta es la lección que recibimos de Jesús en la cruz.

Si me dijeras: "Padre, su argumentación está muy bien, pero yo encuentro la palabra 'amor' demasiado abstracta para comprenderla. ¿Qué es en concreto lo que se espera de mí si yo tengo que ser una persona con más amor? Déme, por favor, un plan preciso. Ayúdeme en este viaje de salvación, en esta transformación del corazón que me hará cada vez más atento a la presencia de Dios." Yo no podría encontrar mejor modelo que el trazado por San Pablo.

San Pablo hace la anatomía de la santidad cuando dice: "Aunque hable las lenguas de los hombres y de los ángeles, si no tengo amor, soy como bronce que suena o címbalo que retiñe. Aunque tenga el don de profecía, y conozca todos los misterios y toda la ciencia; aunque tenga plenitud de fe como para trasladar montañas, si no tengo amor, nada soy. Aunque reparta todos mis bienes y entregue mi cuerpo a las llamas, si no tengo amor, nada me aprovecha. El amor es paciente, es amable; el amor no es envidioso, no se jacta, no se engríe; es decoroso; no busca su interés; no se irrita; no toma en cuenta el mal; no se alegra de la injusticia; se alegra con la verdad. Todo lo excusa. Todo lo cree. Todo lo espera. Todo lo soporta."[8]

Con estas palabras, San Pablo lo dice todo. Nos ofrece un plano perfecto para guiarnos en nuestro viaje. El amor es el camino y el solo camino hacia el final del viaje de salvación. Es el camino para el encuentro cara a cara con el Dios que ha estado con nosotros desde el principio.

---

[1] Jn 15, 9-10.

[2] Jn, 3, 12.

[3] Mc 6,3.

[4] Mt, 22, 37-40.

[5] Jn, 15, 9-10.

[6] *Cf.* Za 7, 12: "Endurecieron su corazón como el diamante para no oír la Ley y las palabras que Yahvé Sabaoth había dirigido por su espíritu, por medio de los antiguos profetas. Entonces montó en cólera Yahvé Sabaoth.

[7] Lc, 23,34.

[8] I Cor 13, 1-7.

CAPÍTULO CINCO
Las Tres Etapas del Despertar

Algunas preguntas sobre el viaje de salvación

§

La advertencia de Cristo

§

Opiniones protestantes y católicas sobre el viaje

§

En esta vida sólo vemos reflejos de Dios

§

Un estudio de Cristo nos muestra tres espejos de Dios en esta vida

§

El viaje de los discípulos ilumina nuestro viaje

§

LAS TRES ETAPAS DEL DESPERTAR

Hemos estado viendo hasta ahora que el viaje de salvación no es un viaje en el espacio. Es más bien el viaje de un cambio interior. El cambio se realiza en nosotros cuando despertamos, por medio de Cristo, a la presencia de Dios y de su amor por nosotros. Estas afirmaciones suscitan un número de preguntas que deben abordarse. Entre tales preguntas se incluyen las siguientes:

- ¿Este despertar a la presencia de Dios, puede ser instantáneo?
- ¿Puede concluirse el viaje en esta vida?
- ¿Llega este viaje a su final con la muerte?
- ¿Hay diferentes etapas en el proceso de despertarnos?
- ¿Por qué tiene uno que morir para ver a Dios cara a cara?
- ¿Cómo es el encuentro cara a cara con Dios?

Volvamos a San Pablo para obtener una mirada más profunda del viaje del alma hacia Dios. San Pablo nos da algunas noticias buenas sobre este viaje y otras, que no parecen tan buenas. Entre las últimas nos dice que en esta vida nadie puede ver a Dios cara a cara.[1]

Esto significa que el viaje de salvación no ha llegado a su fin hasta después de la muerte. Más adelante San Pablo enseña que el viaje incluye en la vida un tiempo de lucha, que se prolonga y comprende la muerte misma. "Con miedo y temblor"[2] debemos luchar por nuestra salvación. Será el corredor en la carrera que persevera hasta el final el que ganará la corona imperecedera.[3]

Cuando un joven se acercó a Jesús con la pregunta: "¿Cómo puedo alcanzar la vida eterna?"[4] Jesús pudo haberle contestado como contestó al buen ladrón en la cruz. Pudo haberle prometido: "Hoy estarás conmigo en el paraíso."[5] Sin embargo la respuesta de Jesús fue totalmente diferente. Al joven le dijo: "Te falta una cosa. Vete, vende lo que tienes y dalo a los pobres, y tendrás un tesoro en el cielo. Luego, sígueme."[6]

Aquel joven buscaba la unión inmediata con Dios. Es un deseo natural. Nada hay más natural que nuestro deseo de soluciones fáciles y rápidas, respuestas aquí y ahora. Sin embargo, la respuesta de Jesús es, como la que le dio a aquel joven, que nos empeñemos en una larga lucha. Una lucha que se prolongará hasta el fin de la vida.

La fe católica es totalmente diferente de la creencia del cristiano neocatumental, quien apenas convertido experimenta la certeza de su salvación. Según el punto de vista protestante, el sentir la certeza de la salvación es la señal más segura de que uno ha consagrado toda su vida a Dios. La ausencia de tal certeza de la salvación es la señal segura de que no se ha experimentado todavía el abrazo salvífico del amor de Cristo. Esta opinión responde a un intenso deseo natural. Por ello, ejerce poderoso atractivo sobre cuantos la oyen.

La fe católica no abriga ninguna duda a propósito del triunfo de Cristo sobre el pecado y la muerte, y que su victoria hace posible la salvación a cuantos se vuelven a él. No se discute la eficacia del triunfo de Cristo. Pero al mismo tiempo debemos de ser conscientes de la realidad de nuestra libertad y de la seria posibilidad que tenemos de decir 'no' a Cristo. Piensa en lo que San Pablo nos dice: "Porque yo no hago el bien que quiero, sino que hago el mal que no quiero."[7] Las dudas que los católicos tienen no se refieren a

Cristo, sino a la inestabilidad humana y debilidad de la voluntad. Como San Pablo, tenemos que volvernos a Cristo con confianza suprema en Él, pero siempre conscientes de nuestra debilidad, mientras vivimos nuestra vida "con temor y temblor."

El deseo de estar seguros de la salvación inmediata es natural y comprensible. Pero existe un peligro en tal seguridad. Puede ser una excusa para evitar el cargar con la cruz, el peso que Cristo nos invita a llevar toda la vida.

Es pecado de presunción afirmar que nos salvaremos independientemente de la forma en que usemos el don de la libertad que Dios nos ha dado. Cristo viene no para quitar valor a la libertad, sino para transformarla tomando posesión gradual de nuestros corazones. Nos encontramos volviendo de nuevo a la advertencia de Jesús, que el reino de los cielos se parece a la mujer que da a luz a su hijo con el dolor y dificultades inherentes al parto.[8] Jesús no ofrece un final rápido y fácil de la lucha.

La buena noticia que nos viene de San Pablo es que, aunque no vemos a Dios cara a cara en esta vida, "podemos verlo oscuramente, como en un espejo."[9] En esta vida no podemos ver el rostro de Dios, pero podemos ver reflejos de su presencia.

El viaje del despertar espiritual a la presencia amorosa de Dios en esta vida supone la contemplación diaria de sus reflejos. Los espejos que reflejan su presencia ejercen una profunda purificación y remodelación de nuestro ser interior. Nuestra creciente conciencia de la realidad de estos espejos y nuestra sumisión diaria a su poder de transformación es la condición esencial para nuestro progresivo despertar a la presencia divina.

Encontramos la demostración más clara de la naturaleza del viaje espiritual hacia Dios examinando cómo se desarrollaban las relaciones entre Jesús y sus discípulos.

Vemos un proyecto de este viaje en la descripción de la misión de Jesús y los cambios que él efectuó en las vidas de sus discípulos, como se nos presentan en los evangelios. Descubrimos las diferentes etapas por las que tienen que pasar sus seguidores. Se nos dan también los indicios más claros de lo que llevará consigo el encuentro cara a cara con Dios.

Nos serviremos del viaje espiritual de los discípulos de Jesús para esclarecer nuestro viaje hacia Dios. Es el viaje que Cristo nos invita a todos a emprender, teniéndole a él como guía. Cuando estudiamos las palabras y hechos de Jesús en los cuatro evangelios, podemos identificar a través de su enseñanza y ejemplo tres espejos por medio de los cuales, va modelando la vida interior de sus discípulos.

El primer espejo que refleja la de otra forma invisible presencia de Dios es el espejo de la naturaleza. Los lirios del campo, los pájaros del cielo, el milagro de los niños reflejan y manifiestan la sabiduría divina, su amor, belleza y poder. Jesús comienza el viaje despertando a sus discípulos a la presencia amorosa del Padre que los envuelve. Les enseña a ver la creación entera a través de sus ojos de él y a despertarse al esplendor de la presencia de Dios.

Después de despertar en sus seguidores la conciencia de la presencia divina que irradia de todas las criaturas, Jesús les ofrece un segundo espejo. Este segundo espejo refleja la presencia del Padre, -de otra forma, escondida-, de un modo sobremanera maravilloso. Este segundo espejo es el Cristo que los discípulos ven y oyen.

La naturaleza humana de Cristo es el espejo de lo divino. Jesús dice a sus discípulos: "Yo soy el camino, y la verdad y la vida. Nadie va al Padre sino por mí."[10] Gradualmente, despacio, los discípulos van despertando a la extraordinaria revelación de la sabiduría divina, amor, poder, gracia, perdón y alegría que están descubriendo en las palabras, acciones y ser del hombre que ellos conocen como El Nazareno.

En la segunda etapa de toma de conciencia, los discípulos están experimentando todavía los reflejos de la presencia de Dios a través de espejos externos. Por ahora, no sienten reflejos de lo divino que les vengan de dentro a través de la presencia madura de Cristo en ellos.

La tercera etapa, el reflejo de la presencia divina en nuestro interior, se conoce como la venida del Espíritu Santo, el evento de Pentecostés. Sólo entonces los discípulos pueden decir como San Pablo lo dirá más tarde: "Ya no soy yo quien vive, es Cristo quien vive en mí."[11] Esto constituye el tercer espejo de lo divino y la tercera etapa del viaje de despertar a la presencia de Dios.

Por lo general, no debe entenderse que estas tres etapas se sucedan en un orden rígido, lógico. Una etapa se introduce en la otra, pero las tres pueden desarrollarse simultáneamente. En el caso de San Pablo el despertar a la segunda y tercera etapa tuvo lugar por una especie de violencia. En el camino de Damasco fue derribado a tierra, "y por tres días permaneció sin vista y ni comió ni bebió."[12] En realidad, este despertar puede ser repentino e irresistible. Pablo habla de sí como nacido a Cristo 'fuera de tiempo' y, pudiéramos decir, de forma antinatural.[13]

Sin embargo, el modelo ordinario del proyecto de la divina providencia para nuestro viaje de salvación por Cristo puede verse en los evangelios. La experiencia de los discípulos de Jesús reflejan la realidad de cuanto supone el hacer viva en nosotros la presencia de Dios.

Incluso con la venida del Espíritu Santo en la tercera etapa, los seguidores de Cristo no ven todavía a Dios cara a cara. Todavía no han llegado al fin del viaje.

¿Qué tiene que suceder para remover la barrera final que nos impide este encuentro cara a cara con el amor infinito del Padre? La enseñanza de Jesús no ofrece duda. Hay que morir. En el proyecto de Dios sólo la muerte aparta la barrera final.

La muerte, como Cristo testimonia en la cruz, es la puerta del cielo. La muerte es la puerta para la salvación, el encuentro cara a cara con el infinito, puro amor de Dios. Más tarde examinaremos la función misteriosa que desempeña la muerte en este viaje, y por qué todos tenemos que pasar por esta experiencia para alcanzar la meta. Estudiaremos también por qué a la muerte física tiene que seguir una última purificación que prepare a la mayoría de las personas al encuentro cara a cara con Dios.

Finalmente, nos preguntaremos cómo será el ver a Dios cara a cara. ¿Qué género de experiencia supone? ¿Cuáles serán las circunstancias de esta experiencia? Presuponiendo que atravesemos aquella puerta y lleguemos donde Dios, nuestro Padre, quiere que estemos, ¿cómo pasaremos nuestra eternidad?

---

[1] I Co 13, 12: Ahora vemos en un espejo, en enigma. Entonces veremos cara a cara.

[2] *Cf.* Flp 2, 12.

[3] *Cf.* I Co 9, 24.

[4] *Cf.* Mc 10, 17.

[5] Lc 23, 43.

[6] Mc 10, 21.

[7] Rm 7, 19.

[8] *Cf* Jn 16, 21.

[9] *Cf.* I Co 13, 12.

[10] Jn 14, 6.

[11] Ga 2, 20.

[12] Hch 9, 9.

[13] *Cf.* I Co 15,6.

CAPÍTULO SEIS

El Espejo de la Naturaleza

Cristo nos enseña a ver las cosas ordinarias de forma extraordinaria

§

La obra de Dios en la naturaleza supera las mayores conquistas del hombre

§

La fe de María le permitió decir 'sí' a Dios

§

La Palabra de Dios es el autor de la naturaleza

§

La experiencia de la naturaleza en San Francisco

§

EL ESPEJO DE LA NATURALEZA

Cuando Jesús comenzó su ministerio público y convocó a sus discípulos para iniciar con ellos el viaje hacia la tierra prometida, ¿qué hizo? ¿Los trasportó a alguna galaxia distante donde entraron en la presencia de Dios? ¿O hizo algo más modesto? ¿O sencillamente los condujo a algún lugar exótico del mundo como el Ganges o el Nepal para que adquirieran alguna iluminación por el contacto con Dios en aquellos sitios?

Jesús no hizo ninguna de esas cosas. Comenzó con ellos en Tierra Santa y allí terminó. Por cuanto podemos saber, la mayoría de sus discípulos murieron en el mismo sitio donde por primera vez se encontraron con él. Ciertamente no se trató de ningún cambio de lugar.

¿Suministró Jesús a sus seguidores una poción mágica o alguna droga exótica psicodélica, que les proporcionara la experiencia de la visión beatífica? No lo hizo.

¿Los introdujo en prácticas extraordinarias de ascesis que los llevaran a los niveles más profundos de autoconciencia y experiencia de lo 'divino' en su interior? Por el contrario, las acusaciones de sus enemigos se referían a la falta de alguna forma de ascetismo en él o en los discípulos.

¿Condujo Jesús, como maestro espiritual, a sus discípulos por un viaje psicológico? ¿Los introdujo, mediante un descenso sinuoso, a las profundidades de su psique donde experimentaran su más profundo y verdadero ser con paz y felicidad? De nuevo, la respuesta es no.

¿Los inició en prácticas misteriosas, rituales, místicas, que produjeran cambios mágicos en su interior? ¿Creó en ellos estados de arrobamiento, éxtasis de conciencia, llenos del Espíritu, que los llevaran a las mismas puertas del paraíso? Jesús no hizo ninguna de esas cosas.

¿Entonces, qué hizo para despertar en sus seguidores la experiencia de la presencia de Dios? Los primeros pasos de Jesús con sus discípulos en el viaje de salvación fueron decepcionantemente ordinarios, casi triviales. Comenzó invitando a sus discípulos a mirar a su alrededor las cosas familiares que veían todos los días. Les habló de los pájaros, de las flores, de los niños, del pan y del agua, de los amaneceres y atardeceres que abrían y cerraban sus vidas a diario. La impresión es que en ello no había nada nuevo, nada fuera de lo común. Todo se presenta demasiado vulgar.

En primavera, ellos probablemente habían observado con pasajera admiración los capullos tempranos que se abrían. Alguna vez los pájaros los habían fascinado por un momento. Ciertamente los bellos amaneceres y puestas de sol habrían atraído brevemente su mirada. A veces se habrían alegrado con la gracia de los niños, antes de encontrar su comportamiento irritante. Más allá de esas experiencias pasajeras, toda la escena carecía de significado especial para ellos.

Jesús no les mostró nada nuevo. Toda su enseñanza se basaba en las cosas ordinarias, sabidas, familiares, cosas de todos los días en la vida ordinaria. Habló de comer y beber, dormir y velar, reír y llorar, del nacimiento de los niños, de las discusiones con los demás miembros de la familia, de plantar semillas en el campo, de pesca, del pago de los tributos. Éstas eran las cosas ordinarias de que Jesús les hablaba.

Lo que Jesús hizo fue cambiarles la perspectiva interior desde la que veían estos acontecimientos familiares. Les enseñó a ver el mundo que les rodeaba de una forma totalmente nueva. Les ayudó a sentir este mundo como obra de arte divino, que irradia la presencia del amor de su Padre.

En algún sentido les hizo doblar la rodilla ante la creación entera. Les enseñó, no a adorar la naturaleza como a una diosa, sino a reconocer los reflejos de lo divino en la naturaleza.

Todo el genio de Beethoven está impreso en cada nota de su música. Igualmente Jesús muestra a sus seguidores el toque divino en cada detalle de la naturaleza. Todo el poder artístico de Miguel Ángel está presente en cada una de sus pinceladas y en cada golpe de su cincel. Igualmente Jesús enseñó a quienes le seguían que el amor, ciencia y maestría artística de Dios se manifiestan en cualquier detalle del universo creado. "¿No se venden dos gorriones por una moneda? Pues bien, ni uno solo caerá en tierra sin el consentimiento de vuestro Padre. Hasta los pelos de vuestra cabeza están todos contados."[1]

En este último ejemplo, se adivina que Jesús estaba plantando la semilla de una mirada interior en sus discípulos. Ellos necesitarían pensar en el plan amoroso del Padre cuando más tarde contemplaran la realidad aparentemente sin sentido de su cuerpo muerto, pendiente de la cruz.

Vemos la enseñanza de Jesús expresada en las palabras: "Mirad los pájaros del cielo. No siembran, ni cosechan, ni guardan en graneros; y vuestro Padre celestial los alimenta. ¿No valéis vosotros más que ellos?¿Y quién de vosotros puede, por más que se preocupe, añadir un solo codo a la medida de su vida?"[2] Mientras sus palabras calaban cada vez más profundamente en su alma, iba despertándose en ellos una nueva conciencia de la divina providencia reflejándose en esas obras de la naturaleza. Ciertamente, los que oyeron a Nuestro Señor pronunciar estas palabras no pudieron volver a mirar los pájaros de la misma manera que antes.

Leemos más adelante en el evangelio de Mateo: "Observad los lirios del campo, cómo crecen; no se fatigan, ni hilan. Pero yo os digo que ni Salomón en toda su gloria se vistió como uno de ellos. Pues si a la hierba del campo, que hoy es y mañana se echa al fuego, Dios así la viste, ¿no lo hará mucho más con vosotros, hombres de poca fe?"[3] A partir de ese día, nunca volverían sus discípulos a contemplar las flores del campo sin recordar estas palabras y buscar en ellas el espejo que refleja la providencia divina que sigue operando.

Para apreciar todo el alcance de la enseñanza de Jesús sobre las flores del campo, debemos tener presente que para los judíos de su tiempo, el más rico, el más sabio, el más poderoso que haya existido nunca era Salomón.

Cuando Jesús hablaba, todavía existía el gran templo de Salomón en toda su gloria.[4] Para el pueblo judío era la maravilla del mundo. Todo devoto judío que viviera fuera de Tierra Santa soñaba en ir un día en peregrinación a Jerusalén a ofrecer un sacrificio en el templo de Salomón, donde habitaba el 'santo de los santos'.

Dos mil años más tarde nosotros podemos ir a la vieja Jerusalén y contemplar los cimientos que quedan del templo de Salomón. Conocemos estas piedras como el "muro de las lamentaciones", que todo devoto judío anhela tocar y orar ante ellas. Si hoy nos maravillamos ante esos restos grandiosos, imaginad el sentimiento del judío de la época de Jesús, que podía contemplar el templo en toda la grandeza de su perfección.

¿Qué quiere dar a entender Jesús cuando dice a sus discípulos que ni siquiera Salomón en todo su esplendor podía rivalizar en gloria con una flor del campo, que nace hoy y desaparece mañana? Les está enseñando, entre otras cosas, que una humilde flor salvaje es espejo más perfecto de lo divino que la mayor realización de la creatividad humana.

Su mensaje es éste: Piensa en lo que Dios Padre puede hacerte a ti y por ti, si tú le permites ser tu Dios y le invitas a realizar el proyecto que tiene sobre tu vida. Piensa lo que va a suceder si dices 'sí' a su plan, en vez de jugar a ser Dios y tratar de llevar a cabo un proyecto ideado por ti mismo.

Cuando Jesús exclamaba: "¡Hombres de poca fe!", no incluía a su madre, María, que había dicho 'sí' al proyecto de Dios. María se convirtió en la madre de Jesús cuando era una jovencita judía de trece o catorce años, que vivía en una pequeña, insignificante aldea de Tierra Santa. Hizo exactamente lo que Jesús, con el ejemplo de las flores del campo, estaba animando a sus discípulos a que lo hicieran. Ella dijo 'sí' al plan de Dios sobre ella. Le permitió dirigir y controlar su vida, para moldearla y darle forma.

Dos mil años más tarde esta joven judía se ha convertido en la más conocida, amada y venerada de las mujeres. Ella es la inspiración de la mejor arquitectura, música, pintura, poesía. Ella es un ejemplo del misterio maravilloso del amor de Dios que nos educa. Cuando se busca la explicación del misterio de María, la respuesta es muy sencilla. En una admirable encarnación de la enseñanza de su hijo sobre las flores del campo, ella dijo 'sí' al amoroso plan de Dios sobre ella.

Jesús señalaba los lirios del campo y los pájaros del cielo como espejos de la divina presencia. Animaba a sus discípulos a encontrar en ellos un estímulo que permitiera al infinito amor del Padre moldearlos y formarlos. Nosotros deberíamos tener presente quién era el que pronunciaba estas palabras. Deberíamos preguntarnos: ¿De dónde le viene a Jesús esta aguda penetración del significado más profundo de la naturaleza, y de dónde su autoridad para continuar su intervención en la vida humana?

Encontramos la respuesta a estas preguntas en las palabras introductorias del evangelio de San Juan: "En el principio existía la Palabra y la Palabra estaba con Dios, y la Palabra era Dios ... Todas las cosas fueron creadas por él, y sin él no se hizo nada de lo que fue creado."[5] Por tanto, fue por la Palabra de Dios como fueron creados y traídos a la existencia los lirios del campo y los pájaros del cielo.

Finalmente leemos: "Y la Palabra se hizo carne y habitó entre nosotros."[6] Jesús es la Palabra de Dios por la que las flores del campo, los pájaros del cielo y la naturaleza entera fue creada.

Cuando Jesús habla de forma tan clara y con tanta autoridad sobre la naturaleza, está hablando de su propia obra de amor. Cuando los discípulos escuchan sus palabras, lo que ellos experimentan pudiera compararse a quien escuchara a Miguel Ángel exponer la maravilla estética de su Capilla Sixtina o los secretos de su Pietà. Escuchar a Miguel Ángel sería ver la Capilla Sixtina y la Pietà como nunca se habían visto antes, con los mismos ojos de su creador. Escuchando a Jesús, obtendrían mucho más que una apreciación de la belleza de la naturaleza. Descubrirían una revelación del amor divino y del plan divino.

Sus discípulos comenzaron a ver las flores y los pájaros a través de los ojos de Jesús; el amanecer y el atardecer, el milagro de los niños y la belleza de la naturaleza, como él mismo las veía. Fue como si realmente lo estuvieran viendo por primera vez. Comenzaron a sentirlas como espejo de lo divino, como revelaciones maravillosas del amor, sabiduría, belleza y poder de Dios. Se despertaron al conjunto de la creación como una obra de arte divino, más imponente e inspiradora que cualquier obra de hombre.

Los que comprendieron la visión de la naturaleza que Jesús compartía con quienes le seguían experimentaron un temblor de fe. El don de la fe supone una participación de la conciencia divina. Por la fe empezamos a penetrar en la mente de Dios, o mejor, Dios comienza a transformar nuestra conciencia. Empezamos a ver a Dios como es. Empezamos a conocer como él mismo conoce. En el don de la fe tenemos la semilla de la visión beatífica.

EL ESPEJO DE LA NATURALEZA

A través de este don de la fe, los discípulos han culminado la primera etapa de su viaje hacia el encuentro cara a cara con Dios. Jesús había comenzado a tomar posesión de su inteligencia.

El santo que más admirablemente ilustra el despertar a la presencia de Dios en la naturaleza como espejo de lo divino es el muy querido San Francisco de Asís. Cuando estaba enfermo y próximo a la muerte, Francisco abría el evangelio de San Mateo y leía las palabras de Jesús sobre las flores y los pájaros. Estuvo inspirado para corresponder incondicionalmente a este mensaje. Tomó la decisión de vivir en lo sucesivo como una flor en el campo o un pájaro en el aire, en total, radical dependencia de la providencia de Dios.

Desde aquel momento hasta el final de su vida, Francisco vivió día tras día en la naturaleza una experiencia progresiva del amor de Dios empeñado activamente en continuar la obra de la creación. Se levantaba temprano todas las mañanas para contemplar a Dios que nos regalaba otro amanecer. Encontraba igualmente importante hallarse presente por la tarde para experimentar en la puesta del sol, a Dios que concluía la obra de otro día.

De noche, Francisco descubría en las misteriosas fases de la luna un vivo reflejo del amplio misterio del amor divino. Gozaba predicando a los pájaros y a las flores, y también a los peces. De acuerdo con el espíritu de la enseñanza de Jesús, Francisco cantaba las maravillas de la naturaleza entera.

Sin embargo, él celebraba la naturaleza no como divina, sino como obra de Dios. Francisco hablaba del Hermano Sol y de la Hermana Luna. No hablaba del sol como de un dios, o de la luna como una diosa. El sol y la luna eran maravillosas criaturas. Gozaba experimentando en ellos los reflejos del mismo amor divino que encontraba en lo más hondo de su propio ser.

Hallar en las bellezas y maravillas de la naturaleza un espejo que refleje la presencia activa del amor divino es, realmente, una gracia y un don precioso. El viaje hacia Dios para algunos termina aquí. Encuentran en la naturaleza su más profundo y más puro encuentro con la presencia de Dios. Esta experiencia basta para responder a su hambre religiosa. La fe católica, sin embargo, encuentra en este maravilloso despertar a lo divino reflejado en la naturaleza, sólo el primer paso en el viaje hacia Dios.

---

[1] Mt 10, 29-30.

[2] Mt 6, 26-27.

[3] Mt 6, 28-30.

[4] En tiempo de Jesús, el templo de Salomón había sido reconstruido y ampliado por Herodes.

[5] Jn, 1, 1-3.

[6] Jn, 1, 14.

CAPÍTULO SIETE
El Espejo de Cristo Visto Fuera de Mí

Jesús y el Padre son uno

§

Las naturalezas humana y divina de Jesús

§

La naturaleza humana de Cristo es un reflejo
De la divina

§

La Iglesia es el cuerpo místico
De Cristo

§

EL ESPEJO DE CRISTO, VISTO FUERA DE MÍ

En la Última Cena, cuando nuestro Señor hablaba en la intimidad a sus discípulos por última vez antes de su muerte, les anunció que les iba a dejar pronto para volver al Padre. Este anuncio los consternó profundamente. Felipe le pidió a Jesús: "Te lo ruego, muéstranos al Padre." Jesús respondió con pena: "Felipe, ¿tanto tiempo ha que estoy con vosotros y no me habéis conocido? El que me ha visto a mí ha visto al Padre. ¿Cómo dices tú: Muéstranos al Padre? Cuando yo hablo, es el Padre quien habla en mí. Quien me oye a mí, oye al Padre."[1]

Ese 'mí' que Felipe y los otros oyeron, vieron y tocaron, y fueron tocados por él y con quien estaban entonces partiendo el pan, era obviamente el hombre Jesús. Era el hombre con quien habían caminado a diario. Su naturaleza humana era una realidad finita, creada, mortal, humana, idéntica a la humanidad de sus discípulos. Entonces, ¿cómo pudo Jesús decir, refiriéndose a su naturaleza humana: "Quien me ve a mí, ve al Padre?" El Padre es divino, no creado, eterno, infinito e inmutable.

Durante los cinco primeros siglos de existencia, la Iglesia católica se esforzó por entender más claramente el misterio de la Encarnación. Se esforzó por comprender que Jesús era a la vez humano y divino, creado y no creado, finito e infinito, mortal e inmortal, hombre y Dios. Como sucede hoy, la Iglesia recurrió para entenderlo a las palabras de Jesús en la Escritura y a las palabras de los otros discípulos conservadas en la tradición oral.

Una de las primeras herejías en la Iglesia fue conocida con el nombre de monofisismo, del griego *monos,* que significa uno y *physis*, que significa naturaleza.[2] El monofisismo enseñaba que Cristo tenía una sola naturaleza, una sola realidad que poseía propiedades humanas y divinas. Algunas variantes de esta doctrina enseñaban que la naturaleza humana está absorbida por la divina, o que la segunda persona divina de la Trinidad desaparece en la humanidad de Cristo, o que se había creado una única tercera naturaleza. La Iglesia lo condenó y declaró solemnemente que Jesús era verdaderamente humano y verdaderamente divino, hombre y Dios, con una naturaleza distinta de la otra, aunque unidas en la persona de la Palabra.

La Iglesia ha enseñado firmemente que Jesús era real y verdaderamente hombre, tan humano como sus discípulos. Enseñó que tenía cuerpo, psique, imaginación, memoria, entendimiento y voluntad humanas. Como afirmaba San Pablo, Jesús es igual a nosotros en todo, menos en el pecado.[3]

Al mismo tiempo la Iglesia ha enseñado que Jesús era verdaderamente divino, verdaderamente Dios, eterno, increado, inmutable, infinito, el ser perfecto que es origen de todos los seres. Afirmó igualmente que lo humano y lo divino en Jesús eran radicalmente distintos. La Iglesia enseñó que la misma diferencia infinita, cualitativa que separa a los humanos de lo divino, separa igualmente la humanidad de Cristo de su divinidad. Cuando actuaba la humanidad de Cristo era una acción humana verdadera, pero la persona que actuaba era la Palabra de Dios. Sus actos humanos eran instrumento de su sabiduría divina, poder y acción.

Finalmente, la Iglesia afirmó que la segunda persona de la Trinidad asumió la naturaleza humana de Jesús. No fue el Padre, ni el Espíritu Santo, sino el Hijo, la Palabra de Dios, la que hizo a la naturaleza humana de Jesús individual y subsistente.

Dada esta solemne enseñanza de la Iglesia, ¿qué quiso decir Jesús cuando dijo a Felipe: "Quien me ve a mí, ve al Padre?" ¿Cómo identificó en él lo humano con lo divino? Puede parecernos que Jesús es culpable de la herejía de los monofisitas condenada en Calcedonia. Sin embargo, hay que notar que el Concilio de Calcedonia llegó a estas definiciones examinando el alcance de estas afirmaciones de Jesús.

El pensamiento de la Iglesia se basaba, por supuesto, tanto en la tradición oral como en la escrita. Guiada por el Espíritu Santo, llegó a la siguiente doctrina: Todas las palabras y acciones de Jesús procedían de su naturaleza human. Esa naturaleza humana operaba como instrumento de su naturaleza divina distinta, que actuaba en y a través de su humanidad. Por ello en las palabras y acciones humanas de Jesús, la de otra forma invisible, intangible, inaudible presencia de la divina naturaleza se hacía visible, tangible y audible.

En su experiencia de la naturaleza humana de Jesús, que obraba como instrumento de su naturaleza divina separada, Felipe y los demás apóstoles veían, escuchaban y eran tocados por lo divino. Más aún, la persona que ellos encontraban en aquellas palabras y acciones humanas era la segunda persona de la Santísima Trinidad, la Palabra de Dios actuando a través de la humanidad asumida.

Finalmente, la presencia de la naturaleza humana de Jesús incluía la presencia inmediata, directa de Dios. Cuando Jesús hablaba, estaba hablando la Palabra de Dios. Cuando Jesús se aproximaba y les tocaba con su tacto auténticamente humano, era la Palabra de Dios la que los tocaba. Cuando contemplaban los actos del todo humanos de Jesús, estaban contemplando un amor humano impregnado y transformado por el amor divino hecho visible, tangible y audible a través de su naturaleza humana. La persona que los amaba era la Palabra de Dios. Cualquier contacto con la realidad humana de Jesús ponía a sus seguidores en un encuentro directo, inmediato, personal con la Palabra de Dios.

Imaginemos a Jesús hablando íntimamente con Felipe en respuesta a su petición: "Muéstranos al Padre." Imaginad las palabras de Jesús explicándole lo que nosotros sabemos ahora por inspiración del Espíritu Santo y por la doctrina de la Iglesia:

> Felipe, ¿recuerdas la vez que me viste extender la mano y tocar la carne enferma de lepra, curando inmediatamente aquella carne? No te diste cuenta, Felipe, de que mi tacto humano, en cuanto humano, no tiene mayor poder curativo que tu mismo tacto. El contacto divino, sí posee ese poder curativo. Cuando decidí extender mi mano, lo hice como instrumento del poder curativo presente en mi tacto divino. Felipe, cuando yo toqué a aquel leproso, mi Padre lo estaba tocando con todo el poder presente en su tacto.
>
> Felipe, ¿recuerdas la noche en que estábamos fuera en la barca y yo estaba dormido? De repente vino una fuerte tormenta. Llenos de pánico, me despertasteis. Mis primeras palabras fueron: "¡Qué poca fe tenéis!" Luego ordené a las olas que se calmaran y a los vientos que cesasen. Al punto, ante mi orden, la tormenta cesó.
>
> Felipe, mi voluntad humana no tiene mayor poder para controlar los elementos que tu misma voluntad. La voluntad del Padre tiene ese poder. Sin embargo, yo actué como instrumento consciente de la voluntad divina del Padre actuando en y a través de mi voluntad humana. Por tanto, en la orden humana que yo di, estaba presente el auténtico poder sobre los elementos, exclusivo de la voluntad divina.

Felipe, ¿recuerdas aquella otra vez en que estábamos en una sala abarrotada de gente y los amigos de un paralítico lo bajaron por el techo en una camilla? Todos los presentes vieron a un hombre físicamente paralítico. Yo, por el contrario, vi a un hombre espiritual y emotivamente paralizado, amargado, descontento de sí mismo, disgustado, envidioso de los demás, encerrado en sí mismo e incapaz de amar a los demás. Eso es el pecado.

El pecado es la parálisis del espíritu. Yo estaba, pues, más preocupado por su parálisis espiritual que por la corporal. Por eso le dije: "Tus pecados te son perdonados." Con aquel acto de perdón, sucedió en él un cambio maravilloso. Por vez primera después de muchos años, sintió paz y alegría en su interior, ausencia de miedo y de culpa, y sentimientos de amor y esperanza. Éste es el efecto en el alma del perdón de Dios. Libera al pecador de la parálisis espiritual y sentimental. Devuelve la vida y el movimiento al espíritu.

Los escribas y fariseos presentes, al punto gritaron: "¡Blasfemia, blasfemia, sólo Dios puede perdonar los pecados." Tú sabes, Felipe, que tenían razón. El pecado es una ofensa contra Dios y sólo Dios puede perdonar tal ofensa.

Donde se equivocaban, sin embargo, era en su ceguera para reconocer en mi acto humano de perdón la presencia del perdón divino. Yo acepté hacer de mi acto humano de perdón el instrumento del divino, que actuaba en, a través y con mi perdón humano.

Para demostrarles que yo tenía tal poder, como recuerdas, Felipe, me volví a ellos y dije: "¿Qué es más fácil decir: tus pecados te son perdonados o

> toma tu camilla y vete?"Para demostrar que el Hijo del Hombre tiene poder para perdonar los pecados, parálisis espiritual, yo sané su parálisis corporal. Felipe, ¿sigues todavía sin comprender que cuando yo perdono es Dios quien perdona?

Los discípulos iban creciendo en comprensión del verdadero sentido de las palabras y acciones de Jesús. Advertían en la presencia de Jesús una revelación de la presencia y acción divinas. Sus seguidores llegaban gradualmente a ver que estaban encontrando en él un espejo reflector de lo divino. Tomando conciencia de ello, alcanzaban la segunda etapa de su viaje hacia el encuentro cara a cara con Dios.

El primer espejo de lo divino es la naturaleza, si se ve con los ojos de Jesús. Por maravillosos que sean los reflejos de la presencia de Dios en los lirios del campo, en los pájaros del cielo y en el milagro de los niños, mucho más maravillosos son los reflejos de la divinidad que encontramos en la naturaleza humana de Cristo. Ningún ser creado refleja más maravillosamente la sabiduría, amor, belleza, alegría y poder de Dios, que la naturaleza humana de Cristo como Camino, Verdad y Vida.

Es necesaria la gracia de la fe cristiana para reconocer en la naturaleza humana de Cristo el segundo espejo de lo divino. Sin este don, Jesús no es más que un personaje histórico único. Sin fe, no se reconocerá que es el Hijo de Dios. Con el don de la fe cristiana, uno reconoce que Jesús es la Palabra hecha carne y el espejo perfecto de lo divino. Solamente las personas que han recibido la gracia de esta certeza alcanzan la segunda etapa del viaje hacia Dios.

¿Cuándo despertaron los discípulos de Jesús a toda la realidad de la Encarnación? ¿Cómo llegaron los discípulos a ver un espejo de lo divino en la humanidad de Cristo? Discuten los estudiosos sobre el cuándo y el cómo sucedió. Aunque son preguntas importantes e interesantes, la pregunta de importancia vital para nosotros es: ¿Cuál es la importancia de la Encarnación respecto a *nuestro* viaje hacia Dios?

Han pasado dos mil años desde que Jesús pisara la tierra. A diferencia de los discípulos de Jesús antes de la Ascensión, nosotros ya no podemos ver la naturaleza humana de Cristo. No podemos oír su voz humana hablándonos, o sentir sus palabras humanas de perdón. Cristo, en su naturaleza humana, como un segundo y más perfecto espejo de la divinidad, conducía a sus discípulos durante el viaje hacia Dios. ¿Nos hemos quedado nosotros sólo con el primer espejo, el de la naturaleza, y un acta de las palabras y acciones de Jesús en los evangelios? Según la enseñanza de la fe católica ése no es el caso. La naturaleza humana de Cristo sigue estando a nuestro alcance como lo estaba a quienes le seguían hace dos mil años.

Cristo resucitado dijo a sus discípulos: "Me ha sido dada toda autoridad en el cielo y en la tierra. Id, pues, y haced discípulos de todas las naciones, bautizándolos en el nombre del Padre, del Hijo y del Espíritu Santo, enseñándoles a observar todo lo que yo os he mandado; y he aquí que yo estoy siempre con vosotros, hasta el final de los tiempos."[4]

---

[1] *Cf.* Jn 14, 8-11.

[2] Éstas y otras variantes fueron condenadas en el concilio de Calcedonia en el año 451 d.C.

[3] *Cf.* 2 Co 5, 21.

[4] Mt 28, 16-20.

CAPÍTULO OCHO
El Camino Católico

La fe de los católicos y la fe de los no católicos

§

Llegamos a Cristo por los sacramentos

§

Cristo vive en el mundo por medio

De su cuerpo místico

§

Un ejemplo de encuentro de la fe católica

§

Son muchas las personas interesadas que me piden les explique la diferencia, si la hay, entre la fe católica y la no católica, la fe cristiana. Frecuentemente me preguntan: "¿No son todos los cristianos iguales?" O, "¿no creen todos los cristianos en el mismo Cristo y no proceden todos del mismo Cristo?" O, "¿Cristo no es el mismo para todos sus seguidores?"

Mi respuesta es 'sí' y 'no'. Aunque todos los verdaderos cristianos creen en el mismo Cristo, no todos lo colocan en el mismo lugar ni lo sienten de la misma forma.

Ciertamente todos los verdaderos cristianos creen que Cristo es Dios y hombre. Creen que fue concebido milagrosamente de una virgen por obra del Espíritu Santo.

También todos los verdaderos cristianos sostienen que Cristo vivió unos 30 años en la tierra y que pasó los últimos años de su vida en actividad pública, enseñando y predicando la buena nueva de la salvación. Afirman que durante su vida pública acudió en socorro de las necesidades humanas. Remedió especialmente las necesidades de los enfermos y de los pobres. Obró muchos milagros en apoyo de su enseñanza. Los cristianos aceptan que creó una comunidad de seguidores devotos que lo aceptaron como Mesías.

Aceptan igualmente la verdad del relato evangélico, que fue condenado a muerte por sus enemigos y tres días más tarde resucitó realmente del sepulcro. Notad que la resurrección corporal de Cristo y su triunfo sobre la muerte han sido negados ya desde el principio, incluso por quienes se decían sus seguidores. Así lo encontramos en la epístola de San Pablo a los corintios.[1]

La negación de la resurrección corporal de Cristo, por tanto, no es exclusiva del mundo contemporáneo. No obstante, esta afirmación ha sido uno de los distintivos de la auténtica fe cristiana desde el comienzo del cristianismo.

Finalmente, todos los verdaderos cristianos aceptan como real el hecho de que Cristo resucitado pasó cuarenta días después de su resurrección preparando a los discípulos para la fase siguiente de su ministerio. Después, vino la ascensión de Cristo resucitado.

La ascensión de Cristo a los cielos es la encrucijada donde se dividen los cristianos católicos y los cristianos no-católicos. Para la mayoría de los cristianos no-católicos Cristo ya no sigue presente en la tierra.

Para muchos no-católicos, Cristo continúa observándonos desde el cielo y ejerce un cuidado amoroso dirigiendo nuestras vidas. En particular, continúa influyendo en sus vidas cuando en la oración meditan su enseñanza en los evangelios y en la sagrada escritura. Ellos ya no ven a Jesús en la tierra presente con su naturaleza humana. Ya no lo experimentan hablándonos desde su cuerpo humano. No sigue perdonando los pecados con actos humanos de perdón, que ellos puedan oír y en los que puedan tener parte activa. Ya no está sentado a la mesa con ellos en su naturaleza humana partiéndoles el pan.

En opinión de muchos no-católicos, nuestra experiencia de Cristo es totalmente diferente de la que disfrutaron sus discípulos hace dos mil años. Cuando dos o tres se reúnen en su nombre, ciertamente está presente en medio de ellos. Pero creen que actúa en nosotros desde fuera y desde arriba.

En contra de esta opinión está la convicción católica de que Cristo nunca nos abandonó. El acceso a Cristo se realiza a través del cuerpo místico, la Iglesia. Los católicos lo siguen sintiendo lleno de vida y actividad en la tierra, como lo estuvo hace dos mil años. Todavía pueden escucharle, verle, caminar con él, partir el pan con él y hacer todo lo que Felipe y los discípulos hacían con él antes de la Ascensión. Dicho con claridad, para los católicos la Iglesia es Cristo. En la Iglesia sigue vivo y activo en este mundo, tanto en su humanidad como en su divinidad.

El valor de los sacramentos reside en que hacen que Cristo venga a nosotros tanto en su naturaleza humana como en la divina. Por medio de ellos, Cristo continúa derramando las aguas del bautismo sobre nosotros y perdonando nuestros pecados. Continúa ofreciendo su vida por nosotros en la cruz por medio de la misa. Nos alimenta con su cuerpo y con su sangre en la eucaristía lo mismo que alimentó a sus discípulos.

Cristo hace descender al Espíritu Santo sobre nosotros en la confirmación. Nos da poder para ser instrumentos preciosos de su presencia por medio de los sacramentos del orden y del matrimonio. Recordad las palabras de San Pablo: "Maridos, amad a vuestras esposas como Cristo amó a la Iglesia y se entregó por ella ..."[2]

Como esposo de la Iglesia, Cristo nunca abandonaría a los que ama. Está presente en las etapas finales de la vida con la gracia que nos permite entregar el alma en paz a Dios por el sacramente de los enfermos.

El Cristo que los católicos conocen y sienten es el Cristo que encontramos en plenitud de vida y acción en su cuerpo místico. Para los católicos no existe otro Cristo. Lo encontramos en el amor de nuestros padres y amigos. Lo encontramos en los laicos, sacerdotes y religiosos que creen en él. Lo encontramos en el culto de la Iglesia. Lo encontramos en los santos, en los teólogos y autores espirituales. Lo encontramos en la historia dos veces milenaria de su encarnación en la profesión de fe, en la actividad apostólica y en las enseñanzas del magisterio de la

Iglesia. Ahí lo vemos, lo escuchamos, lo tocamos y somos tocados por él.

Incluso en los libros inspirados de las sagradas escrituras nuestra experiencia de Cristo presupone su presencia viva. Participa con nosotros a través del recuerdo de todas sus palabras y acciones.

Ningún sacramento sirve mejor de ejemplo de la presencia continua, santificadora de la naturaleza humana de Cristo en este mundo que la sagrada eucaristía. Los católicos celebran en la eucaristía la presencia física de la naturaleza humana de Cristo. Celebran la presencia de su cuerpo y sangre, alma y divinidad. Celebran su ofrecimiento diario sobre el altar en el mismo infinito, ininterrumpido acto eterno de amor perfecto que él inició en la cruz. Por este acto de amor sigue haciendo nacer en este mundo un nuevo camino para el amor divino.

Ésta es la razón por la que los católicos hacen a sus hijos dejar la cama caliente y los sacan al frío para asistir a misa. No niegan que la divinidad omnipresente de Cristo está ya presente ante sus hijos en su cama caliente. Pero saben también que sus hijos nunca despertarán a la realidad de su presencia, si no se encuentran con la naturaleza humana de Cristo. Saben que la eucaristía es el instrumento que Dios ha escogido para despertarlos a su presencia.

Jesús dijo:

> En verdad, en verdad os digo, si no coméis la carne del Hijo del Hombre y no bebéis su sangre, no tendréis vida en vosotros; el que come mi carne y bebe mi sangre tiene vida eterna y yo lo resucitaré en el último día ... El que come mi carne y bebe mi sangre permanece en mí y yo en él.[3]

La fe católica afirma que este Cristo sigue vivo en nuestro mundo. Encuentra en su cuerpo místico el mismo espejo que refleja la divinidad que encontraron sus discípulos en la realidad humana de Cristo hace dos mil años.

Los verdaderos cristianos, es cierto, creen todos en el mismo Cristo y buscan la salvación a través del mismo Cristo. Sin embargo, no todos ponen a Cristo en el mismo lugar. No todos los cristianos experimentan su presencia taumaturga de la misma manera.

Un ejemplo de fe católica, como distinta de la fe cristiana, lo encontramos en la historia del despertar espiritual en la vida de Malcolm Muggeridge.[4]

Malcolm Muggeridge, influenciado por su padre, era un convencido socialista en sus años jóvenes.[5] Siguiendo el modelo típico de muchos pensadores de su época, se enamoró de la Rusia soviética. Cuando se le presentó la oportunidad, emigró a Rusia. Pero a diferencia de muchos de los socialistas influyentes de su tiempo, su amor a la verdad se sobrepuso a su apasionada entrega al régimen ruso. Malcolm narró fríamente los horrores crueles de Rusia bajo las comunistas.

Esta consagración a decir la verdad se convirtió en el distintivo de Malcolm. En su trabajo como periodista, editor de revistas, presentador de televisión y personalidad en el campo de la televisión destacó por la penetración de sus análisis. El juicio que él emitía no se sometía a la opinión común y era crítico certero de las instituciones establecidas. Su desenvoltura para decir "el emperador no tiene traje" se granjeó la audiencia del mundo entero.

En su primer empleo fue profesor en una escuela de la Iglesia de Inglaterra. Probablemente como resultado de su amistad con un sacerdote del mismo centro, quedó fascinado por la persona de Jesucristo. Al principio lo veía no como divino o Hijo de Dios, sino como un ser humano maravilloso.

De mayor vivió un despertar espiritual. Se convenció de que Jesús era realmente el Hijo de Dios. Tomó la decisión de dedicar su vida al cuidado amoroso de Jesús y esforzarse por vivir imitando su ejemplo.

Sin embargo, el Cristo que él decidió seguir era el Cristo que ya no vivía en la tierra. Era el Cristo que ahora vivía sólo en el cielo. Malcolm miró a las iglesias cristianas de su alrededor, incluyendo la Iglesia católica, y quedó profundamente decepcionado por lo que vio.

En ninguna de las iglesias pudo descubrir evidencia alguna de la presencia viva de Cristo. Así se describió a sí mismo como cristiano sin iglesia, un cristiano que era miembro de la no-iglesia, aunque verdadero discípulo del Cristo que encontraba en los evangelios. Malcolm siguió durante varios años en esta forma de fe cristiana.

En su trabajo para la BBC (British Broadcasting Corporation) se le pidió que entrevistara a una religiosa poco conocida: Madre Teresa de Calcuta. Quedó fascinado por ella. Llegó a realizar un documental sobre el trabajo de Madre Teresa en Calcuta.

En Calcuta pasó mucho tiempo con ella. Observaba todo lo de ella lo más profundamente que podía. Como artista, deseaba meterse en la 'cabeza' y en el 'corazón' de Madre Teresa para descubrir en qué consistía realmente su 'tick', la razón de su obrar. Cuanto más intensamente la estudiaba, más convencido quedaba de que sólo se la podía comprender por el hecho de que Cristo estaba realmente vivo en ella. Así llegó a creer en la presencia viva de Cristo al menos en una persona en el mundo.

Más tarde su fe creció hasta reconocer la presencia de Cristo viviente en otras personas de virtud heroica. Comenzó a identificar a Cristo trabajando en los misioneros y en algunos laicos santos. Descubrió que, a diferencia de otros grandes personajes históricos que ya habían muerto, Cristo seguía vivo en nuestro tiempo.

Luego llegó también a reconocer la presencia viva de Cristo en la institución de la Iglesia católica. Así es como Malcolm, el cristiano sin-iglesia, en sus últimos años se hizo cristiano católico.

Esta historia es un ejemplo de cómo se recibe la gracia de la fe católica cuando se reconoce y acepta la realidad de la presencia de Cristo en plenitud de humanidad y divinidad en su cuerpo místico, la Iglesia. La fe cristiana católica es precisamente fe en la inmanencia de Cristo en su Iglesia. El objeto de la fe cristiana católica es el Cristo que nunca ha abandonado este mundo. Sigue siendo el esposo. Sigue unido a su esposa, la comunidad de sus seguidores.

Es el don de la fe católica el que conduce a la segunda etapa del viaje hacia Dios. Esta fe hace posible, para quienes han recibido este don, discernir con diversos grados de claridad al Dios omnipresente reflejado en el espejo maravilloso del cuerpo místico de su Hijo. Este don permite una variación ilimitada de grados en que puede distinguirse la presencia reflejada de Dios.

Para algunos, el reflejo de la presencia de Dios en la Iglesia es débil y apenas perceptible. Para otros, la intensidad de los reflejos de la presencia de Dios en el espejo de su Iglesia es tan grande que los abruma y está a punto de hacerlos desfallecer. Son los santos, los mejores de entres nosotros, cuyas mentes y corazones están llenos de la certeza de la presencia de Jesús en su Iglesia. Como Madre Teresa van diciendo de una forma u otra a todo el que encuentran: "Usted, haga algo hermoso por Jesús." Los que llegan a la segunda etapa del viaje tienen una conciencia creciente de la presencia de Dios reflejada en el cuerpo místico de Cristo.

La presencia de Cristo en la eucaristía es el centro de sus vidas. La devoción a su presencia eucarística es la medida más clara de la intensidad de su fe. Es la medida también de cuán avanzados se encuentran en su viaje hacia Dios.

En esta segunda etapa el encuentro con Cristo se realiza todavía con su presencia externa, fuera de nosotros. Así era también para los discípulos de Cristo. Los discípulos, que no habían alcanzado todavía la tercera etapa, no podían mirarse dentro de ellos para encontrar allí el tercer espejo que refleja la presencia de Dios desde nuestro interior.

---

[1] I Co 15, 12.

[2] Ef 5, 25.

[3] Jn 6, 53-57.

[4] Malcolm Muggeridge era un periodista y conferenciante inglés. Fue un personaje muy conocido como editor de la revista *Punch,* famosa por su humor y aguda sátira de temas sociales. En 1971 publicó un libro sobre Madre Teresa titulado *Something beautiful for God.* En 1979 escribió un libro de carácter autobiográfico titulado *Jesus Rediscovered.*

[5] Mucho de cuanto sigue puede encontrarse en su biografía: *Muggeridge: the biography,* Richard Ingrams, Harper San Francisco 1995.

CAPÍTULO NUEVE

El Espejo de Cristo, Visto Dentro de Mí

Cristo viene para traernos vida más abundante

§

Dios en su amor por nosotros comparte su vida divina

Con nosotros tan plenamente como es posible

§

La gracia santificante nos capacita

Para responder a Dios

§

Cristo como presencia interior

§

EL ESPEJO DE CRISTO, VISTO DESDE DENTRO

Jesús hizo dos promesas a sus discípulos. En primer lugar, les prometió que nunca los abandonaría. También les prometió que su presencia los conduciría a una relación nueva, más íntima con el Padre.

En la última cena, sin embargo, parecía contradecir sus promesas. Primero anunció a los discípulos, para su consternación, que los dejaría en breve para volver al Padre. Luego les informó de la extraña razón de su marcha. Dijo: "Sin embargo, os digo la verdad: os conviene que yo me vaya, porque si yo no me voy, el consolador no vendrá a vosotros; pero si me voy, os lo enviaré."[1] Su presencia queda descrita como una barrera, un obstáculo para la venida del Espíritu Santo.[2] ¿Cómo se pueden reconciliar estas promesas aparentemente contradictorias?

Antes de tratar esta cuestión desconcertante, repasemos brevemente lo que hemos visto hasta ahora sobre el viaje hacia Dios. Vimos, primero, que no es un viaje en el espacio, porque Dios está en todas partes. Es más bien el viaje de un cambio interior, de hacer viva en nosotros la presencia de Dios. Supone un despertar a la presencia de Dios donde él ha estado siempre: a nuestro alrededor y dentro de nosotros.

Cristo no viene a llevarnos a Dios o a traernos a Dios. Si Dios no estuviera ya presente en nosotros, dejaríamos de existir. Cristo viene a realizar cambios internos en nosotros que nos vayan despertando de forma gradual a la presencia de Dios. Cristo viene para entrar dentro de nosotros y vivir en nosotros. Por su presencia viva en nuestro interior, experimentamos la presencia del Padre en y a través de él.

Vimos también que nadie llega en esta vida al encuentro cara a cara con Dios. Como nos dice San Pablo, sólo podemos ver oscuramente sus reflejos como en un espejo.

Luego distinguíamos tres espejos que reflejan la presencia divina. Estos tres espejos actúan produciendo cambios en nuestro interior. Primero, estaba el espejo de la naturaleza cuando miramos a través de los ojos de Jesús. En segundo lugar, en la naturaleza humana de Cristo conocida fuera de nosotros encontramos un reflejo aun más maravilloso de lo divino.

La tercera etapa se nos presenta en relación con el evento de Pentecostés. Con la venida del Espíritu Santo, Cristo se hace vivo en nosotros proporcionándonos un espejo de lo divino en nuestro interior.

Para comprender esta tercera etapa de nuestro viaje hacia Dios, debemos ahondar más sobre qué se entiende cuando decimos que Cristo viene para vivir plenamente dentro de nosotros. Repetidamente en la enseñanza de Cristo nos encontramos con la idea de que Cristo se hace vivo en sus seguidores, trayéndoles al Dios vivo.

Las referencias a esta nueva vida por medio de Cristo son numerosas. Vemos la presencia dadora de vida de Jesús en "Yo soy la viña y vosotros los sarmientos..."[3] Y en "Yo he venido para que tengáis vida..."[4] Y en "Si conocieras el don de Dios... él te habría dado agua viva..."[5] Más concretamente Jesús nos previene: "Si no coméis la carne del Hijo del Hombre y no bebéis su sangre, no tendréis vida en vosotros..."[6]

La vida divina es descrita así en los evangelios: "El reino de los cielos es como la semilla de un grano de mostaza que un hombre tomó y sembró en su campo."[7] También leemos: "Otras semillas cayeron en buen terreno y produjeron mucho fruto ..."[8] La comparación con la semilla nos recuerda que la vida divina nos es dada de forma que nosotros debemos cuidarla para que llegue a madurez.

Es claro que necesitamos la presencia del Espíritu Santo. Jesús dice: "Si uno no nace del agua y del Espíritu, no puede entrar en el reino de Dios ..."[9]

La mayoría de los milagros de Jesús se relacionan con su poder de dar la vida. El pecado es presentado como ausencia de vida. La ausencia de plenitud de vida en el leproso, el mudo, el hombre que está ciego, el paralítico y los cadáveres se presentan como símbolos de pecado. El poder de Jesús para devolver la salud y la vida confirman su pretensión de poder impartir vida divina.

Santo Tomás identifica la intención de Cristo de habitar en sus discípulos con la esencia del amor. Enseña que el amor busca la unión del amado con el amante.[10]

Nosotros amamos en la medida en que buscamos hacer vivir en la persona amada lo mejor de lo que vive en nosotros. Los verdaderos amantes tratan de compartir lo mejor de su vida: sus pensamientos, afectos, emociones, recuerdos, sueños y su mismo ser. Lo que pretende el amor es la transformación del amado en la imagen y semejanza del amante. Esto es verdad en el amor humano, pálido reflejo del amor divino. También es cierto en el amor divino.

Santo Tomás enseña que el Padre, en su amor por nosotros, busca compartir con nosotros, en la medida que la naturaleza humana lo permite, su propia vida divina. Ésta es la finalidad de la Encarnación.

Santo Tomás lo expresa hermosamente tratando de la Encarnación: "Dios se hizo hombre para que el hombre pudiera hacerse igual a Dios."[11] Muchos piensan que nuestro deseo natural de ser iguales a Dios es la esencia del pecado. Pero la teología católica no ve este deseo como pecaminoso.

El hambre de participar en la vida divina fue plantada en nosotros por Dios junto con nuestra misma naturaleza. El pecado no consiste en el deseo de ser como Dios. Tiene sus raíces en nuestro deseo de satisfacer nuestra hambre en algo distinto de Dios. Lleva consigo el buscar un ídolo en nosotros mismos o en la creación.

Dios en su amor por la humanidad desea ver a los hombres elevados a semejanza de su naturaleza divina. En la Encarnación, donde la Palabra de Dios asume nuestra naturaleza humana, encontramos la revelación más clara de este intento del amor divino.

El amor de Dios para con nosotros es infinito. El único límite para compartir su vida con nosotros viene de nuestras opciones humanas o de las limitaciones inherentes a la capacidad de la naturaleza humana para ser elevada a la divina. La meta del amor divino es que todos los hombres puedan repetir las palabras de San Pablo: "Ya no soy yo quien vive, es Cristo quien vive en mí..."[12]

La teología católica explica la dinámica del amor, de la transformación de la naturaleza humana en la semejanza con Dios. Reconoce el cambio más radical efectuado en la naturaleza humana como teniendo lugar en lo más profundo del alma. Este cambio se llama la gracia santificante.

La gracia santificante se define como la participación formal en la misma vida de Dios en cuanto Dios. Su presencia y desarrollo es la clave para entender el viaje del alma hacia el encuentro cara a cara, la unión amorosa con Dios.

La gracia santificante no puede ser experimentada directamente por la persona que la recibe. No puede ser percibida por los sentidos. Sin embargo, su presencia puede ser reconocida indirectamente por los fuertes cambios que la acompañan en el alma. Estos cambios se dan en las distintas facultades o potencias del alma, como el entendimiento, la voluntad, los sentimientos, la memoria y la imaginación. Estos cambios se llaman las virtudes sobrenaturales.

Los tres cambios más importantes son las virtudes teologales. Estas virtudes disponen las facultades del entendimiento y de la voluntad para entrar en relación directa con Dios. Tienen a Dios como objeto de su actividad. Se conocen como la fe en el entendimiento, y la esperanza y la caridad en la voluntad.

Por la fe, Cristo penetra y se hace vivo en nuestra mente. Nos hace capaces de asentir con certeza a los misterios divinos de la revelación.

La esperanza y la caridad en el corazón o en la voluntad traen consigo una nueva respuesta a Dios que nos conduce a la unión amorosa con él. Y lo que es mucho más importante, engendran en nosotros un hambre amorosa y atracción hacia Dios. Permiten una participación real en el mismo amor que une al Padre, al Hijo y al Espíritu Santo en la Trinidad.

La gracia santificante en el alma y las virtudes teologales en el entendimiento y la voluntad modifican las potencias del alma de otras maneras. Preparan al alma para relacionarse con el conjunto de la realidad creada de forma que promueva el avance hacia la unión cara a cara con Dios. Las otras disposiciones del alma son las virtudes morales sobrenaturales. Estas virtudes nos capacitan para hacer elecciones en armonía con el hambre de Dios engendrada en nosotros por la gracia santificante.

Reconozco que ésta es una reflexión árida y abstracta sobre la teología clásica católica de la gracia y las virtudes. Sin embargo, sirve para ponernos en contacto con el fruto especulativo de siglos de meditación sobre las palabras de Cristo y su misión.

Normalmente los efectos transformadores del amor de Dios tienen lugar suave y gradualmente en el alma. La mayoría de las personas que los reciben no son conscientes de los cambios que están sucediendo en su alma. Como ya dijimos, la gracia santificante no se experimenta directamente.

Aunque de ordinario el alma es transformada gradualmente, algunas veces los cambios pueden ser repentinos y violentos. En alguna ocasión son tan violentos que dejan al individuo dolorosamente conocedor de su carácter fulminante.

Vimos ya que éste fue el caso de San Pablo y su despertar espiritual, camino de Damasco. Su encuentro con Cristo estuvo acompañado de cambios violentos internos que le dejaron ciego y paralizado durante días. Por eso pudo describirse a sí mismo como nacido violentamente y fuera del tiempo debido.[13]

Sin embargo, la conversión de San Pablo parece ser una excepción. En la mayoría de los casos estas transformaciones interiores de la gracia son tan suaves, graduales y sutiles que escapan a nuestro conocimiento.

Nuestra mente tiende a fijarse más en la realidad externa que en lo que sucede en nuestro mundo interior. Sólo cuando el encuentro con la realidad externa nos hiere dolorosamente, viene al primer plano de nuestra conciencia una mirada sobre nuestro interior. También los discípulos de Jesús solamente llegaron a concentrarse en su vida interior a causa de los sucesos dolorosos ocurridos en su mundo exterior.

Desde su primer contacto con Jesús los discípulos, sin saberlo, se convirtieron en personas profundamente cambiadas. Su transformación interior progresaba mientras lo seguían de lugar en lugar, escuchando sus palabras, observando sus acciones.

En este trato con los discípulos, Jesús plantaba semillas de vida divina en sus mentes, corazones, sentimientos, recuerdos e imaginación. Durante este tiempo, Cristo iba cobrando vida en ellos, pero ellos no se daban cuenta de estos cambios. Desde el primer encuentro, Jesús movido por su amor hacia ellos, comenzó a transformarlos a su imagen y semejanza.

En alguna ocasión, ciertamente advirtieron señales de los cambios que se estaban produciendo en ellos. Tuvieron que sorprenderse alguna vez al verse actuando de modo completamente diferente de su conducta pasada. Tomaban decisiones que nunca habrían tomado antes de su encuentro con Jesús. Hacían cosas totalmente diversas. Suponemos que sus familiares y amigos se lo hayan hecho ver.

Sin embargo, su primer interés seguía siendo lo que sucedía en el mundo exterior y no en su mundo interior. En particular, su atención permanecía fija, fascinada en Jesús y sus acciones, que sucedían en el mundo exterior.

Después de dos años o más de aprendizaje, aquellos cambios interiores eran ya consustanciales. Había llegado el momento en que Jesús los introdujera en la etapa siguiente del viaje.

Varias veces durante su ministerio público, leemos que los enemigos de Jesús buscaban apoderarse de él para matarlo. Fracasaron todas las veces, porque todavía no había llegado su hora. Jesús no permitió a sus enemigos que le vencieran hasta que la transformación interior de sus discípulos no hubiera llegado al grado de madurez que les permitiera sobrevivir al trauma de su crucifixión.

El comienzo de la tercera etapa del viaje de los discípulos tuvo lugar en la Última Cena. Para su consternación, Jesús les dijo que los dejaría pronto. Poco después Jesús fue apresado por los soldados en el huerto, juzgado, torturado y luego crucificado. Entonces sus discípulos se dieron a la fuga, presa del pánico. Todo su mundo se desplomaba a su alrededor. Fue durante las horas que siguieron a la captura de Jesús y su muerte cuando los discípulos se dieron dolorosamente cuenta de su mundo interior. Sintieron miedo y desesperación dentro, como nunca habían experimentado.

Hasta aquel momento estaban concentrados en lo que veían de Jesús. Su predicación y enseñanza, la atracción de grandes multitudes, el caminar sobre el agua, el realizar milagros, les había llenado de fe en él. Su conducta, al parecer invencible, les daba valor, alegría y expectativas entusiastas para el futuro.

Su presencia externa dio vida a lo mejor en ellos, a nobles deseos y grandes sueños. Su fama y éxito también despertaron en ellos falsas esperanzas. Discutían entre ellos sobre quién sería el primero cuando Jesús estableciera su reino.

Después de su arresto, fueron testigos de un Jesús muy diferente. Un Jesús derrotado, azotado, tratado brutalmente, desamparado. Por último, vieron a Cristo muerto, clavado al árbol de la cruz. Todos los sueños nobles de su mundo interior desaparecieron con su muerte.

Fue un colapso total de lo mejor que había en su interior. Cristo murió dentro de ellos de manera tan cierta como había muerto físicamente en la cruz. Esta situación de muerte interna continuó durante los tres días que siguieron a su sepultura. Cuando se miraban dentro o se miraban uno al otro, no encontraban ningún reflejo de lo divino que siguiera brillando. Sólo les quedaban recuerdos de cobardía y desesperación. Cuando miraban a Pedro llorando lágrimas amargas, estaban muy lejos de encontrar un espejo de lo divino en su patético rechazo de Jesús.

Tres días más tarde, cuando Cristo resucitado se presentó en medio de ellos, su presencia viva, externa, de nuevo hizo revivir en ellos la sorpresa, la alegría, la renovada esperanza y confianza. Su fe era más fuerte que nunca. El Cristo externo, reflejando la presencia de Dios, les trajo de nuevo al Cristo vivo en su interior.

Durante los cuarenta días siguientes, Cristo se les volvió a aparecer con frecuencia. Seguía creciendo en ellos por medio de su presencia externa, manteniendo vivas en ellos la alegría y esperanzas renovadas.

Al final de los cuarenta días, Cristo resucitado, en presencia de sus seguidores, retiró su presencia externa y ascendió a los cielos. Esta vez no hubo violencia o trauma en su marcha. Ahora sabían que quedaban bajo su amorosa protección. No los había abandonado.

La alegría por su triunfo sobre la muerte y sus enemigos continuó en ellos durante los días siguientes. En ese período se estaban preparando para la próxima etapa del viaje, la venida del Espíritu Santo.

¿Qué sucedió en aquel primer Pentecostés? La escritura nos dice que estaban reunidos en el cenáculo. De repente irrumpió un fuerte viento en la sala y descendieron sobre ellos lenguas de fuego con la venida del Espíritu Santo. Ésta es la descripción de lo que sucedió fuera de ellos, pero no de lo que sucedió en su interior.

¿Experimentaron una sensación interna de vida diversa de cualquier otra conocida anteriormente? Yo diría que lo que sintieron fue algo del todo familiar. Los impulsos de fe sólida, valor, sabiduría, alegría y amor eran los mismos movimientos interiores que habían experimentado a menudo antes, cuando Cristo estaba presente. Eran las virtudes que se habían despertado en ellos cuando podían ver, oír y tocar a Jesús. Éstos fueron los sentimientos producidos por su presencia externa triunfadora.

Pero ahora ya no estaba allí presente. No obstante, sentían su presencia trasformadora de una forma increíblemente intensa.

Luego llegaron a darse cuenta. Él seguía estando con ellos, no les había dejado. Sólo había cambiado el modo de presencia. Ahora era una presencia interior. Había alcanzado vida plena dentro de ellos. Entonces pudieron decir como San Pablo decía: "Ya no vivo yo, es Cristo quien vive en mí."[14]

Con este comienzo de vida en el Espíritu Santo, entraron en la tercera etapa del viaje. Experimentaron en su interior la plenitud de la presencia de Cristo. Cristo plenamente desarrollado dentro por el don del Espíritu Santo irradiaba emanaciones gloriosas de vida divina.

Con su nuevo nacimiento en Cristo, estos hombres que poco antes habían abandonado a Cristo, abrieron la puerta del cenáculo y salieron fuera llenos de alegría. El mismo Pedro, que había negado con juramento no conocerlo, se convierte en jefe valeroso.

Como instrumentos de la presencia transformadora de Cristo en su interior, comienzan a predicar la buena nueva de Cristo resucitado ante un público asombrado. Continuaban la misión de Cristo sobre la tierra. Proclamaban su mensaje sin miramiento alguno. Sanaban a los enfermos, perdonaban a los pecadores, cuidaban de los pobres y abandonados, e incansablemente atendían a las necesidades físicas y espirituales del pueblo. Atacaban la hipocresía de escribas y fariseos.

Ofrecían a todos las misma experiencia de la presencia de Dios, que ellos habían hallado en Cristo. Así nació en el mundo el cuerpo místico de Cristo, la Iglesia.

El espejo de Cristo viviente en ellos no anuló ni dejó sin sentido su encuentro con los otros reflejos de la presencia de Dios. El espejo de la naturaleza y el espejo de la presencia de Cristo en los demás, que ellos habían conocido, seguían siendo necesarios. Continuaban viendo, incluso con mayor claridad, los reflejos de la presencia de Dios en los lirios, los pájaros del cielo y los niños.

Alcanzaron también una conciencia completamente nueva de la presencia de Cristo unos en otros. Se veían ahora recíprocamente como hijos de Dios, creados a su imagen y semejanza y destinados al encuentro cara a cara con Dios.

Advertían la presencia de Cristo en los demás en cuanto individuos, como en María y los otros discípulos. De forma particular, este nuevo nacimiento de Cristo en ellos aumentó su aprecio por el amor de Cristo que los unía juntos como comunidad.

A la vez que comprobaban aspectos diferentes de la presencia de Cristo en las personas, tenían plena conciencia de que sólo en la comunidad como un todo encontraban la plenitud de la presencia de Cristo. Así valoraban a cada individuo por el modo en que éste contribuía a hacer crecer su experiencia de Cristo.

---

[1] Jn, 16, 7.

[2] El catecismo de la Iglesia Católica dice: "Los siete *dones* del Espíritu Santo son: sabiduría, inteligencia, consejo, fortaleza, ciencia, piedad y temor de Dios. Pertenecen en plenitud a Cristo ... Hacen a los fieles dóciles para obedecer con prontitud a las inspiraciones divinas" (nº 1831).

[3] Jn 15, 5.

[4] Jn 10, 10.

[5] Jn 4, 10.

[6] Jn 6, 53.

[7] Mt 13, 31.

[8] Mt 13, 8.

[9] Jn 3, 5.

[10] *Cf.* Tomás de Aquino *Summa contra Gentiles* I, 91.

[11] *Cf.* Tomás de Aquino *Summa Theologiae*, III, 28.

[12] Ga 2, 20.

[13] *Cf.* I Co 15, 8.

[14] Ga 2, 20.

CAPÍTULO DIEZ
La Venida del Espíritu Santo

Purificación

§

La supresión de la ayuda exterior, inicio
Del crecimiento interior

§

La mayor intensidad del amor humano

§

Características de la tercera etapa
Del viaje

§

LA VENIDA DEL ESPÍRITU SANTO

El evento de Pentecostés nos introduce en la tercera etapa del viaje hacia Dios en este mundo. Mucho se discute hoy sobre cuál es la justa manera de entender la venida del Espíritu Santo. Me he encontrado con católicos carismáticos quienes, no lo dudo, han alcanzado la tercera etapa en su camino hacia Dios.

Sin embargo, la vida interior de un ser humano es complicada. Las ansias de hambre religiosa presentan una variedad infinita de formas. Resulta demasiado fácil atribuir al Espíritu Santo movimientos internos que deberían atribuirse exclusivamente al espíritu humano. Del primer Pentecostés podemos aprender más sobre cómo el Espíritu Santo penetra en nuestras vidas.

Hemos visto que los discípulos habían llegado a través de los ojos de Jesús a ver la naturaleza como reflejo de la presencia del Padre. También, cómo después de algún tiempo, habían comenzado a intuir vagamente que Jesús era más que un simple ser humano. No obstante, de los relatos evangélicos aparece claro que todavía les quedaba un largo camino de crecimiento espiritual. Tenían que ser ulteriormente purificados antes de llegar a la etapa en que experimentaran en su interior la presencia madura de Cristo. Sólo después de una purificación profunda, extremamente dolorosa, alcanzaron por fin la tercera etapa.

Suponía purificación de todas sus falsas ilusiones, morir a sí mismos a fin de vivir para Cristo. Tenían que probar quiénes y qué eran ellos en realidad, si les faltaba el Cristo vivo. Tenían que experimentar que el 'hombre viejo' que llevaban dentro había matado, como sucede a menudo, la presencia viva de Cristo. Sólo después de esta purificación, cuando se hubieron vaciado de sí mismos, el Cristo maduro nació en ellos con la venida del Espíritu Santo.

En la persona de San Pedro encontramos el ejemplo más claro de la dinámica de transición de la segunda a la tercera etapa del viaje. La experiencia de Pedro ilumina el paso del reconocimiento de Cristo como espejo de lo divino fuera de nosotros, a la conciencia del Cristo maduro, que refleja la presencia de Dios en nuestro interior.

Pedro oyó con asombro en la última cena las palabras de nuestro Señor: "En verdad, en verdad te digo: no cantará el gallo antes de que tú me hayas negado tres veces."[1] La sorpresa de Pedro no vino porque se le dijo que iba a negar a Jesús. En el juicio que se formaba de sí mismo, tal conducta le resultaba completamente imposible. Venía más bien porque pensaba que Jesús no lo conocía a fondo; venía de que Jesús pudiera creerle capaz de tal acción. Pedro quedó profundamente consternado. Él, Pedro el leal, el valiente, el sincero, ¿traidor? ¡Imposible! Por ello pronunció aquellas palabras llenas de confianza en sí mismo: "Aunque todos se escandalicen de ti, yo nunca me escandalizaré."[2]

Jesús amaba a Pedro de forma particular y lo estaba preparando para una misión extraordinaria en la futura misión de su Iglesia. Por ello se volvió a él y le dijo: "Esta misma noche, antes de que el gallo cante, me habrás negado tres veces."[3] Pedro, una vez más, negó de plano tal posibilidad: "Aunque tenga que morir contigo, yo no te negaré."[4]

Imaginad qué hubiera sucedido si alguien hubiera llevado a Pedro aparte en aquel momento y le hubiera preguntado por qué podía estar tan seguro de su lealtad. Probablemente Pedro habría señalado que durante los tres años precedentes, él había sido el más decidido en la defensa de Jesús. Habría recordado que había puesto muchas veces su vida en peligro identificándose incondicionalmente con Jesús.

Imaginad que alguien hubiera continuado poniendo a prueba a Pedro: "¿No hubo momentos en que titubeaste, en que tuviste dudas sobre la misión de Jesús, en que sentiste miedo a causa de tu identificación con él?" Pedro, sincero como era, probablemente hubiera confesado que tales momentos existieron. Pero hubiera explicado que tales momentos habían sido aberraciones. Que el verdadero Pedro era aquella parte que hay en él de leal, convencido, valiente, abnegado y veraz.

Pedro habría tenido razón en parte. Realmente estas cualidades residían en él. Había sido fiel, valiente y digno de confianza. Pero le faltó reconocer que tan buenas cualidades tenían su origen en el Cristo que vivía dentro de él. Que estaba experimentando en esa parte de sí mismo a Cristo viviendo en él ... Había identificado al Pedro real con el Cristo que llevaba dentro. Por eso quedó sorprendido y herido ante las palabras de Jesús.

Luego, ya de noche, cuando Jesús es apresado en el huerto, ¿quién es el que sale en su defensa? Por supuesto, Pedro, el leal, el valiente. Desenvaina su espada y corta la oreja de uno de los criados que prendían a Jesús. Probablemente miró a nuestro Señor con ojos doloridos diciéndole: "¿Lo ves? ¿Cómo pudiste dudar de mí?"

Poco tiempo después vemos a Jesús en el patio, tratado brutalmente por los soldados romanos. Los otros discípulos, por miedo, habían abandonado a Jesús. De nuevo, encontramos a Pedro presente, fiel hasta el fin. Mientras observa el desarrollo del cruel trato reservado a Jesús, sigue rumiando su decepción ante la falta de aprecio del Maestro por él.

Sólo ahora Pedro está viendo a un Jesús completamente diferente, un Jesús al que nunca había visto antes. Éste ya no es el Jesús que caminaba sobre el agua y mandaba a los vientos y a las olas. No es el Jesús que predicaba magistralmente a miles de gente y penetraba los pensamientos de sus enemigos. No es el Jesús dotado de poderes increíbles, maravillosos para asombro de todos.

Ahora, por el contrario, Pedro está contemplando a un Jesús derrotado por sus enemigos. Pedro ve a un Jesús maniatado, azotado, indefenso, impotente, que nada puede. Por vez primera, Pedro experimenta movimientos de duda y miedo.

Más tarde aquella noche, en el patio donde continuaba la tortura de Jesús, Pedro es identificado por una criada como uno de los discípulos de Jesús. El miedo puede con lo poco que quedaba de fe y valor en Pedro. Niega rotundamente haber tenido nada con él. Una segunda persona repite la misma acusación, con idéntica negación por parte de Pedro. Ya de mañana es acusado por tercera vez de ser compañero de Jesús. Ahora, presa del pánico, Pedro con juramento pone a Dios por testigo de la verdad de su afirmación: él nada tiene que ver con aquel hombre.

Esta tercera negación tiene lugar a las primeras luces del alba, y un gallo cantó a lo lejos. Jesús mira a Pedro y Pedro mira a Jesús en los ojos. Pedro, entonces, huye del patio llorando lágrimas amargas.

¿Eran lágrimas que brotaban de su amor por Jesús? No. Si hubieran sido lágrimas de amor, hubiera vuelto al patio y reconocido ante todos que él era realmente compañero de Jesús. Eran más bien lágrimas que brotaban de una visión totalmente nueva que Pedro adquiría de sí, el Pedro auténtico, el Pedro verdadero, el Pedro que era realmente cuando Cristo no seguía vivo en él. Descubrió dentro de sí al Pedro cuyo miedo y autoestima habían matado la parte más preciosa de él, de la misma manera que los soldados habían matado al Cristo fuera de él.

Durante tres días Pedro, despojado de toda ilusión, vivió en compañía de esta nueva revelación de sí mismo. Seguía llorando lágrimas amargas según descubría en su interior al verdadero Pedro, desconocido, asustado, desleal, egoísta, paralizado, arrogante persona alocada que nunca había encontrado antes.

El resucitado, Cristo totalmente renovado, se apareció a Pedro después de aquellos tres días. Pedro sintió entonces, brotando dentro de él, una ola de alegría, amor, fe renovada, asombro, entusiasmo y esperanza que lo transformaron. Esta vez Pedro era una persona purificada, humilde, liberado de todo orgullo.

Este nuevo Pedro, a diferencia del viejo, supo que lo que estaba sintiendo en su interior ya no era él, sino Cristo. Este nuevo Pedro, iluminado por otra luz, podía al fin decir con San Pablo: "Ya no vivo yo, es Cristo quien vive en mí."[5] Fue así como Pedro entró en la tercera etapa de su caminar hacia Dios. Por primera vez pudo ver claramente dentro de él a Cristo, espejo de lo divino.

Durante los cuarenta días siguientes a la resurrección, Cristo se apareció muchas veces a sus discípulos. Una de estas apariciones que tanto les llenaban de gozo tuvo lugar a orillas del Mar de Galilea.

Los apóstoles estaban en el lago pescando, cuando vieron a alguien que estaba solo en la playa. Juan, el discípulo amado, se dio cuenta de que era Cristo. Los discípulos comenzaron a remar a toda prisa hacia la playa. Pedro no pudo esperar a que atracara la barca. Saltó al agua y corrió junto a Jesús.

Cuando llegaron los demás con las redes repletas de peces, vieron que Jesús había encendido un fuego sobre el que había una sartén con pescado. En una escena extraordinaria, contemplaron a Jesús resucitado que les preparaba comida para poder hacer lo que más le gustaba hacer: partir amigablemente el pan con los que amaba.

Durante esta extraordinaria comida, Cristo se dirigió a Pedro y le preguntó: "¿Me amas más que éstos?." Pedro respondió: "Señor, tú sabes que te amo."[6] Estas palabras parecen las mismas que las dichas por Pedro en la última cena cuando profesó su amor por Cristo. Sin embargo, eran completamente diferentes, pues venían de un Pedro profundamente cambiado. Ahora significan: "Tú sabes que yo te amo, porque eres tú quien me has devuelto el amor que yo había matado cuando te negué." Entonces nuestro Señor le dijo: "Apacienta mis corderos."[7]

Por segunda y tercera vez Cristo repitió la misma pregunta a Pedro, recibiendo de él idéntica respuesta. Todas las veces siguió la misma orden: "Apacienta mis corderos", y por último: "Apacienta mis ovejas."[8]

Pedro, habiéndose vaciado de sus ilusiones, está ahora lleno de Cristo y preparado para llevar a Cristo a los otros. Si Cristo hubiera enviado a Pedro antes de que hubiera alcanzado la tercera etapa de su viaje hacia Dios, Pedro hubiera partido con el entusiasmo característico de su personalidad. Sin embargo, hubiera ido llevando a los otros las ilusiones de Pedro, no la realidad de Cristo. Los corderos y ovejas de Cristo habrían tenido hambre.

Tenemos, pues, en Pedro un ejemplo claro de cómo se pasa de las etapas primera y segunda del viaje hacia Dios a la tercera, en que se experimenta el espejo de Cristo dentro de nosotros. La venida del Espíritu Santo tiene lugar ordinariamente sólo después de un período de maduro crecimiento de Cristo en nosotros, un crecimiento que sólo puede darse después de una total limpieza de los muchos obstáculos que impiden su desarrollo.

La total limpieza del 'ego' orgulloso en nosotros dispone para el nacimiento del Cristo maduro. Jesús dijo: "Estaréis tristes, pero vuestra tristeza se convertirá en gozo. La mujer, cuando va a dar luz, está triste ..., pero cuando ha dado a luz al niño, ya no se acuerda del aprieto ..."[9] La entrada en la tercera etapa es un proceso de parto con todos los sufrimientos que acompañan de ordinario a tal proceso.

La afirmación de Jesús de que él tiene que alejarse de sus discípulos plantea muchos problemas. ¿Cómo podía la presencia de la naturaleza humana de Jesús, que existía fuera de ellos, ser una barrera, un obstáculo para la venida del Espíritu Santo? La respuesta se halla en la dinámica del amor.

Santo Tomás señala que los hombres tienden a vivir según los sentidos. No somos ángeles, sino espíritus encarnados. Forma parte del plan divino que nuestro primer contacto con la realidad suceda a través de los sentidos. Lo que vemos, oímos, palpamos, gustamos y olemos en el mundo exterior nos es más evidente y definido. Tendemos a quedar fascinados por el mundo exterior. El mundo de la conciencia interior no es lo que primero atrae nuestra atención. Buscamos la felicidad en el mundo de las realidades exteriores, más que en el mundo interior.

La divina providencia se adapta a esta condición humana. Dios se acerca a nosotros, en primer lugar, por los sentidos. Así, "la Palabra se hizo carne y habitó entre nosotros..."[10] Podemos ver esta Palabra con nuestros ojos, oírla con nuestros oídos y tocarla con nuestras manos. La encontramos viva en ese mundo exterior, donde nos encontramos como en nuestra propia casa.

Por la presencia y acciones externas de Jesús, Dios comienza a obrar cambios en nuestra vida interior. Al principio, los reflejos externos, sensibles, visibles de Dios son indispensables para el progreso de nuestro desarrollo espiritual.

A un cierto punto del progreso en el viaje espiritual, el crecimiento de Cristo en nosotros alcanza el estado de madurez. Con esa madurez de espíritu, nuestro crecimiento espiritual puede seguir viviendo sin el conjunto de ayudas externas que lo condujeron a alcanzar la primera meta. Cuando se ha alcanzado esta etapa, la presencia continua de ayudas exteriores puede ser un obstáculo para que crezca nuestra conciencia de la nueva vida en nosotros.

Por naturaleza somos conducidos por nuestros sentidos hacia el mundo exterior. Por ello, nuestra fascinación por el Cristo exterior puede alejarnos de descubrir al Cristo interior. En este sentido el Cristo exterior que conocemos puede convertirse en un obstáculo para la siguiente etapa del viaje.

El paso de nuestro interés por el mundo exterior al del mundo interior es siempre doloroso. Cristo, en el mundo exterior, nos ha traído mucho consuelo y vida. Los autores espirituales hablan de la noche oscura de los sentidos cuando perdemos el contacto sensible y emocional con el Cristo exterior.

Los autores espirituales hablan también de la noche oscura del alma. Sucede cuando es retirada la ayuda interior que nos acompaña en la experiencia del Cristo interno, obligándonos a buscar su presencia interna en formas más profundas y más sutiles. Ese sufrimiento, si se soporta pacientemente en unión con el sufrimiento de Cristo, favorece el crecimiento de Cristo en nosotros. Se hace parte integrante de ese crecimiento.

Jesús dijo que los dolores de parto se olvidan cuando el proceso de dar a luz ha terminado y la madre contempla a su hijo.[11] El feliz resultado del proceso de alumbramiento trae a la madre la alegre experiencia de una nueva vida.

El alejamiento de la presencia externa de Jesús para sus seguidores fue el preludio de su llegada a la plena vida interior en el primer Pentecostés. Este alejamiento confirma una ley universal del crecimiento espiritual. Santo Tomás enseña que la perfección del amor no se encuentra en la presencia externa del amado, por dulce que ésta pueda ser.[12] No, la perfección del amor se realiza sólo cuando el amado alcanza vida plena en el amante.

Mientras tengamos a las personas amadas con nosotros, nuestro amor tiende a permanecer imperfecto. Su presencia externa excluye su presencia interna en nuestra mente, en nuestro corazón, emociones, recuerdos e imaginación. Sólo cuando el amado ya no está presente, puede llegar a la plenitud de presencia en nosotros.

Como sacerdote, algunas veces me han preguntado en qué ocasión descubro yo en la gente el amor más intenso. La respuesta es clara. El amor se ve en su forma más intensa, más profunda y menos egoísta en los funerales. Sin la presencia externa del muerto que yace en su ataúd, los familiares experimentan por vez primera cuán empobrecida ha quedado su vida. Se dan cuenta por vez primera de todo lo que la presencia de aquella persona significaba para ellos.

Cuando Dios nos pide que le restituyamos la vida de una persona amada, no está ahogando nuestro amor por aquella persona. Después de todo, se trata del primer amor que él creó en nosotros. Está, por el contrario, elevando aquel amor a un nivel completamente nuevo de intensidad y desinterés. Es el modo que Dios tiene de elevar nuestro amor por aquella persona al nivel relativo de perfección de que nosotros, amantes imperfectos, somos capaces. Lleva a quienes amamos de vivos a caminos en que nunca vivieron antes, a caminos que nunca hubiéramos experimentado si continuara su presencia externa.

Esta ley es válida en nuestra relación con Cristo. La descripción frecuente de cómo muchas personas realizan su viaje hacia Dios a través de Cristo es ésta: Comienzan su vida creciendo en una familia católica. Son obedientes a sus piadosos padres y demás miembros de la familia. Viven luego en una comunidad acogedora en compañía de sacerdotes, religiosos y laicos que hacen que la presencia de Cristo arraigue en ellos. Pueden ver a Cristo, oírle y tocarle en su familia y comunidad.

En el ambiente familiar encuentran fácil creer en Cristo y en su mensaje. Encuentran fácil vivir en armonía con las exigencias morales del mensaje cristiano. De hecho su fe parece fuerte. Pero es una fe como la de Pedro, que en un diez por ciento tiene sus raíces en su interior y en un noventa por ciento está sostenida por su experiencia de la presencia externa de Cristo en los demás.

Luego abandonan el calor de la familia y entran en el mundo laico de los negocios o la universidad. La nueva realidad que ahora les rodea produce en ellos una sensación muy diferente de la vida. Encuentran poco de Cristo a su alrededor. Encuentran un mundo muy opuesto a lo que Cristo significa para ellos.

De pronto se dan cuenta de que ya no creen. No les preocupa. Sus valores religiosos no cuentan en lo que el nuevo mundo ha hecho nacer en ellos. Como el hijo pródigo, comienzan a secundar las promesas seductoras del mundo seglar y a gustar su fruto prohibido.[13]

Años más tarde encuentran que su nuevo mundo no les ha dado la felicidad que querían a cambio. Sienten ansias de hambre de la paz del alma que una vez conocieron. Como el hijo pródigo que comía la comida de los animales a su cargo, recuerdan que 'hasta los criados de la casa de su padre viven mejor que ellos'. Se ha iniciado la etapa del regreso a su verdadera casa.

Cristo vuelve a estar vivo en ellos otra vez. Los conduce de nuevo al viaje hacia el Padre y la casa del Padre. El alejamiento de Cristo, que experimenta la vida sin él, dispone con frecuencia para el renacimiento interior.

Santo Tomás distingue el hombre carnal y el hombre espiritual.[14] El hombre carnal se relaciona primariamente con el mundo exterior que ve, palpa y oye. Para él es la única realidad. La mayoría de nosotros pertenecemos a esa categoría. Luego está el hombre espiritual. Para él, el mundo interior ocupa el primer lugar.

Santo Tomás ve a la providencia divina tratando cuidadosamente a estas dos clases de hombres. Encuentra un bonito ejemplo de ello en el modo diferente en que Dios condujo a los pastores, a los reyes magos y a Simeón al descubrimiento de Cristo.[15]

Santo Tomás argumenta que los pastores y los magos eran hombres carnales, para quienes la realidad era en primer lugar el mundo de los sentidos. Por ello, era propio que Dios los condujera al descubrimiento de Cristo por signos externos, sensibles. Como los pastores eran semitas, y Dios habló tradicionalmente a los semitas por medio de mensajeros angélicos, escogió la aparición de ángeles para llevarles la buena nueva y conducirlos a Cristo. Por otra parte, dice el santo, los magos eran gentiles y, como típicos gentiles, buscaban sinceramente la última respuesta en las estrellas. Dios, por ello, los condujo mediante la guía visible de una estrella a Cristo.

A diferencia de los pastores y de los magos, Simeón era un hombre espiritual. Vivía su vida en continua oración en el templo. Para Simeón la realidad fundamental residía en el mundo interior. Allí tenía lugar su contacto diario con Dios. Simeón, como hombre espiritual, no necesitaba un signo externo para reconocer la presencia de Cristo. Nos dice San Lucas que cuando vio a la joven judía entrar en el templo con su hijo en brazos, comprendió inmediatamente. Movido por el Espíritu, reconoció al Mesías prometido.[16]

Las personas que son verdaderamente espirituales dependen menos de los signos exteriores. Quienes han alcanzado la tercera etapa del viaje hacia Dios están más abiertos a los movimientos internos del espíritu. Estos movimientos internos del espíritu no son independientes, ni están en oposición con los espejos externos que son la naturaleza y Cristo en su cuerpo místico. Más bien, son complementarios de los espejos exteriores. Los tres trabajan juntos para hacer avanzar a las personas en su viaje de unión con Dios.

¿Quiénes son de entre nosotros las personas que han alcanzado este tercer grado del viaje? ¿Quiénes son los que son movidos principalmente por su Cristo interior? Nosotros sabemos quiénes son. Aunque podamos no pensar de ellos en los términos que vengo empleando. ¿Cuáles son algunas de las características por las que podemos identificar a tales personas? Entre otras quisiera incluir las siguientes:

- son más amigos de dar que de recibir
- piensan más en lo que ellos pueden hacer por la Iglesia, que en lo que la Iglesia puede hacer por ellos
- nunca están aislados, porque nunca están solos
- manifiestan fe profunda en la Iglesia como misterio profundo, viviente
- participan en las alegrías y penas de los demás
- son prontos en reconocer sus muchas flaquezas humanas y pueden incluso reírse de ellas
- siempre perdonan y nunca guardan rencor
- pasan mucho tiempo en oración
- como Cristo es el centro de su vida interior, así la Eucaristía es el centro de su mundo exterior
- no temen el futuro y ven en la muerte el deseado abrazo del amor de Dios
- animan siempre a los demás a comprometerse en la vida de la Iglesia
- manifiestan poco 'ego' y no manifiestan necesidad o deseo de alabanza, poder, honor u otras formas de reconocimiento
- ven a todos como hijos de Dios, creados a su imagen y semejanza
- están libres de prejuicios de toda clase: racismo, orgullo de casta, elitismo
- son muy sensibles ante los defectos de los miembros del cuerpo místico de Cristo, sufren mucho por ello, pero no critican a la Iglesia

- están impacientes por anunciar la buena nueva de Cristo y no dejan de dar testimonio siempre que les es posible

- no disimulan su fe, sino que la celebran públicamente con alegría

- muestran especial devoción a María y aceptan como un privilegio su invitación a compartir con ella los sufrimientos de su hijo

En una palabra, son los verdaderos carismáticos. Como Madre Teresa, son reflejo de Cristo en sus palabras y acciones. Sus vidas nos recuerdan a diario que Cristo sigue vivo y con nosotros en este mundo.

Cuando Pedro y los discípulos llegaron a la tercera etapa de su viaje hacia Dios, alcanzaron la conciencia del espejo de Cristo en su interior. No habían alcanzado todavía el encuentro cara a cara con Dios. La experiencia de su presencia iba sucediéndose por medio de 'reflejos' de esa presencia.

¿Qué tenía que suceder para que desapareciera la última barrera que les mantenía lejos del encuentro inmediato? San Pablo nos dice que el encuentro cara a cara no llegará para quien esté todavía en este mundo. Debemos, por tanto, pasar de este mundo al otro para alcanzar la unión amorosa con Dios. La muerte es la puerta para esa unión.

---

[1] Jn 13, 38.

[2] Mt 26, 33.

[3] Mt 26, 34.

[4] Mt 26, 35.

[5] Ga 2, 20.

[6] Jn 21, 15.

---

[7] *Ibid.*

[8] Jn 21, 16-17.

[9] Jn 16, 21.

[10] Jn 1, 14.

[11] *Cf.* Jn 16, 21

[12] *Cf.* Tomás de Aquino *Summa contra Gentiles*, I, 91.

[13] Para la parábola del hijo pródigo, *cf.* Lc 15, 11-20.

[14] Santo Tomás vuelve en muchos lugares a la idea de que el hombre carnal tiene que hacerse espiritual para llegar a Dios. Por ejemplo en Catena Aurea, vol. II S13. "Hay que entender a Jesús tratando de cambiar a sus discípulos de carnales o con mentalidad carnal en hombres espirituales. Un hombre con mentalidad carnal, cuando oiga hablar de la naturaleza de Dios, lo entenderá en sentido corporal; como no puede entenderlo más que como cuerpo, piensa de las cosas que oye al modo de los que suelen escuchar historietas, y no para entenderlas."

[15] *Cf* Tomás de Aquino *Summa Theologia* III, 36.

[16] *Cf.* Lc 2, 25-35.

CAPÍTULO ONCE
La Puerta

El crecimiento espiritual y los impulsos interiores

Del hombre natural

§

Significado de la Muerte

§

Celebración de nuestra verdadera relación

Con Dios

§

LA PUERTA

Con la venida del Espíritu Santo, los discípulos de Cristo se sintieron fuertemente impulsados a avanzar en el camino de la transformación interior. Habían progresado en su viaje hacia el encuentro cara a cara con Dios. Ahora vivían cada día plenamente conscientes de los reflejos de la presencia de Dios en el espejo de la creación que les rodeaba. Advertían los reflejos de la presencia de Dios que encontraban continuamente en los demás. Veían el amor de Cristo que llenaba los corazones de sus discípulos en el cuerpo místico de Cristo.

Sin embargo, la experiencia más íntima de la presencia de Dios les llegaba desde su mismo interior. Cristo, el espejo de lo divino, brillaba en su interior. Ahora conscientemente identificaban la presencia de Cristo con el ansia de amor, de paz y alegría en sus corazones. Vivían a diario rodeados por esos reflejos de la presencia amorosa de Dios, tanto en el mundo exterior, como en su mundo interior. Pero el fin de su viaje, la visión de Dios cara a cara, quedaba todavía para el futuro.

También seguían notando en su interior la presencia constante del 'hombre viejo' nacido de Adán. Como confiesa San Pablo: "Porque no hago el bien que quiero, sino que obro el mal que no quiero."[1]

Estos movimientos internos del hombre natural seguían presentes. Los deseos de amor propio, orgullo, concupiscencia de la carne y ansia de poder continuaban vivos. Todos estos sentimientos les recordaban que Cristo no había llegado todavía en ellos a su crecimiento total. Comprendían que sólo cuando hubieran sido transformados totalmente, cuando el 'hombre viejo' nacido de Adán hubiera sido del todo purificado por la presencia de Cristo, su viaje habría llegado al fin. Entonces, y sólo entonces, tendría lugar la experiencia del cara a cara con el Padre. Con San Pablo sabían que esta transformación total en Cristo no tendría lugar mientras continuaran viviendo en este mundo.

¿Cuándo llegaría a su término esta transformación? ¿Por qué otras transformaciones tendrían que pasar? ¿Cómo sería eliminada la última barrera que les mantenía separados de la experiencia directa del amor de Dios? ¿Cuándo sería suprimida del todo esta barrera, que todo su ser estaba pidiendo a gritos que fuera retirada? La respuesta nos llega de Cristo clara y sencilla. Llegaba luminosamente desde la cruz. Tendrían que dejar este mundo para llegar a la experiencia pura, directa del amor divino. Tendrían que morir físicamente. La muerte natural es la puerta del encuentro cara a cara con Dios.

¿Qué conexión existe entre la muerte corporal y la visión beatífica? ¿Cómo el morir puede contribuir a la unión mística, amorosa con Dios? ¿Hay algo mágico en la muerte física que haga realidad esta unión con Dios? ¿Es ése el verdadero sentido de la cruz? Si fuera así, ¿por qué Jesús no enseñó a sus discípulos que recurrieran al suicidio? ¿Por qué no lograr la unión con el Padre mediante una autodestrucción voluntaria, ritual?

Cuanto acabábamos de decir anticipa alguna pequeña idea de la respuesta a este problema. Vimos cómo Jesús enseña que Dios es amor perfecto, puro, infinito amor. Vimos también que para experimentar el amor hacia los demás se requiere tener amor en el propio corazón. Sin tal amor, uno permanece ciego, mudo e insensible al amor a los demás y de los demás.

Como Dios es amor perfecto, se requiere amor perfecto en el corazón para experimentar a Dios. Todo lo que no sea amor perfecto constituye una barrera para la experiencia de Dios. Admitida esta verdad, se sigue que el amor perfecto en el corazón es la puerta para el encuentro cara a cara con

Dios. Más aún, se sigue que tiene que existir un vínculo profundo entre el perfecto amor y la muerte corporal.

Cristo nos enseña que el amor supone el don, la entrega de sí mismo al amado. Consiguientemente el amor perfecto exige una entrega total, libre, consciente, alegre al amado. En este mundo sólo hay un camino por el que los hombres puedan entregarse totalmente. La aceptación voluntaria de la muerte por el bien del amado es el único medio para esa total entrega. Jesús lo dice claramente: "Nadie tiene amor más grande que el que da la vida por sus amigos."[2]

Muriendo voluntariamente por nosotros en la cruz, Jesús practicó el amor perfecto. Su muerte en la cruz es a la vez símbolo y realidad del amor perfecto. La entrega voluntaria de su vida en la cruz en obediencia a su Padre y por nuestro bien manifiesta su perfecto amor al Padre y a nosotros, los hombres.

En el huerto de Getsemaní, Jesús oró: "Si es posible, que pase de mí este cáliz."[3] La respuesta del Padre a la petición de su hijo fue la manera del Padre de decir: "Ámame con amor perfecto y ama a mis hijos con el mismo perfecto amor". Jesús respondió diciendo: "No como yo quiero, sino como quieres tú."[4] De esta forma dijo 'sí' al Padre y nos dijo 'sí' a nosotros.

La fe católica considera el amor perfecto iniciado por Cristo en la cruz no como un fenómeno pasajero. Ve aquel amor como un acto sin fin, eterno, que transciende el espacio y el tiempo. Afirma en el amor humano de Cristo la presencia del amor divino. En la cruz el amor del Padre entró a tomar posesión del corazón humano de Jesús. El corazón de Jesús se llenó de un amor que era más divino que humano. El amor del Padre se difundió en el corazón de Jesús y a través de él se extendió por el mundo en una forma radicalmente nueva.

Nuestra asociación a la muerte de Cristo en la cruz, con la perfección del amor que allí se dio, es la llave que abre la puerta hacia Dios. Los católicos ven la misa como nuestra asociación a la muerte de Cristo. Es más que un mero recuerdo de un acontecimiento que tuvo lugar en el Calvario hace dos mil años y que ya estuviera terminado y completo. Al contrario, es el mismo acto de amor que se inició en la cruz y que continúa su eficacia hasta la eternidad.

La misa nos pone en el camino de ese amor nunca interrumpido que brota del corazón humano de Cristo en la cruz. El amor de Cristo es una corriente de agua viva que sigue manando en el mundo, renovando diariamente la intervención extraordinaria del amor divino en nuestra condición humana.

Cristo invitó a su madre a estar con él al pie de la cruz, uniendo sus sufrimientos a los de él. Ella compartió el privilegio de dar a luz una nueva presencia del amor divino en este mundo. Igualmente Cristo, a través del sacrificio de la misa, invita a todos sus discípulos a unirse a él para mantener vivo en este mundo el amor de su Padre. [5]

A través de esta cooperación con él en la cruz, Cristo nutre el crecimiento de su presencia en quienes le siguen. Sólo por este camino se puede avanzar hacia la perfección de amor necesaria para la experiencia inmediata de Dios. Jesús dijo: "Si alguno quiere venir en pos de mí, niéguese a sí mismo, tome su cruz y me siga."[6]

Cristo en la cruz nos enseña que el sacrificio es el lenguaje del amor. La medida del amor es la disponibilidad a sacrificarse por el amado. La total disponibilidad de Dios para permitir a su hijo asumir nuestra naturaleza humana y ofrecerla en sacrificio en la cruz es la revelación del amor sin límites de Dios por el hombre. Sólo un Dios de amor infinito hace que tengan sentido tanto la encarnación, la Palabra hecha carne, como el sacrificio del Calvario. Negar la posibilidad de la encarnación y de la crucifixión es negar que Dios es omnipotente y que el amor de Dios por la humanidad es infinito.

El ejemplo siguiente es prueba descarnada de la afirmación de que el sacrificio es el lenguaje del amor. Sirve también para esclarecer la relación en este mundo entre el amor perfecto y la muerte física.

Supongamos que tienes un amigo a quien crees amar de todo corazón. En tu opinión, la felicidad de este amigo es sumamente importante para ti. Tú idealizas esta amistad diciéndole a tu amigo en toda sinceridad que todo lo tuyo es suyo. Estás realmente convencido de tu amistad. ¿Es eso perfecto amor? Tal vez sí, tal vez no.

Un día tu amigo viene a ti en un gran apuro. Si no consigue inmediatamente mil dólares, sufrirá terribles consecuencias. Tú estás seguro de que está diciendo la verdad. Ahora bien, tú amas sinceramente a tu amigo y quieres su felicidad. Por otra parte, existe igualmente en ti un apego real a tus mil dólares. ¿Qué amor es más grande, el amor por tu amigo o el amor por tus mil dólares? Necesariamente tienes que escoger. Ninguna idealización de tu afecto por el amigo puede resistir esta prueba de la realidad. El sacrificio es el lenguaje del amor, el test del amor, y la medida del amor.

Ésta fue la lección dolorosa aprendida en aquel patio por Pedro sobre su relación con Jesús. Tenía que decidir entre el amor que se tenía a sí mismo y el amor a Jesús. Mientras no se encontró ante esta elección, Pedro pudo idealizar su relación con Jesús y, sin darse cuenta, deformar su realidad. Al amanecer, antes del canto del gallo, negó a Jesús.

Supongamos que en nuestro ejemplo, la felicidad de tu amigo te es más preciosa que tu amor por los mil dólares. Quieres ciertamente tus mil dólares, pero quieres más a tu amigo. Y así le regalas a tu amigo los mil dólares que necesita urgentemente. Por dentro, naturalmente, sientes dolor ante este desprendimiento. Por fuera, puedes reír y decir que estás encantado de poderle ayudar.

¿Has manifestado y experimentado amor perfecto por tu amigo? No, has dado prueba clara de que le amas a él más que a tus mil dólares.

Un mes más tarde vuelve tu amigo todavía en mayor aprieto. Su situación ha empeorado a pesar de tu ayuda. Ahora necesita cinco mil dólares, o las consecuencias serán desastrosas. Ahora bien, tú quieres a tu amigo y quieres que sea feliz. Pero tu amor por cinco mil dólares es cinco veces mayor que tu amor por mil dólares. De nuevo surge la crisis. Sólo que esta vez tú y tu amigo descubrís con pena que mientras tú le amas más que a los mil dólares, no le amas tanto como a tus cinco mil dólares.

Volvemos así a ver que el sacrificio es el lenguaje y la medida del amor. En nuestra situación humana presente, las elecciones que realizamos entre amores diversos son lo que revelan y miden la intensidad de nuestros afectos. Decir a alguien: "Te quiero, pero no estoy dispuesto a sacrificar mis gustos y comodidades por ti", es manifestar que ese pretendido amor es una ficción.

Pudiera observarse de pasada que las personas con muchos amigos son lo suficientemente prudentes para no pedir a sus amistades más de lo que éstas pueden tolerar. Invariablemente tienen pocos amigos quienes piden a sus amistades más de lo que éstas pueden soportar.

Todo lo anterior significa que cuando una persona está dispuesta a renunciar no sólo a cinco mil dólares por un amigo, sino a todo lo que tiene, incluso a su misma vida, estamos hablando de amor perfecto. Así, volvemos a las palabras de Jesús: "Nadie tiene amor más grande que el que da la vida por sus amigos."[7] La naturaleza humana es del todo incapaz de un acto de amor más grande que el de sacrificar la propia vida por el amado.

Se necesita este amor perfecto para experimentar directamente el amor perfecto que es Dios. Mientras que una persona no realice de hecho ese sacrificio, no está claro si su amor es perfecto o no. Ése es el significado de la cruz. Ése es el significado de la muerte de Cristo como 'camino' para la unión con Dios. Cristo nos dice que no hay otro camino, que no existe otra puerta más que la del amor perfecto. Este amor perfecto en los hombres se realiza en la entrega voluntaria de la vida por un amigo.

La entrega gustosa de la vida realizada en perfecto amor no significa que tal entrega sea sin dolor. Por el contrario, cuanto más se ama la vida, -y consiguientemente resulta más doloroso el entregarla-, más grande es la manifestación de amor en el sacrificio voluntario. Nadie amó su vida humana más que Jesús. Por esta razón, sufrió más en el sacrificio de su vida que lo que pudiera sufrir cualquier otra persona.

En el huerto de Getsemaní Jesús sudó sangre a causa de lo que le exigía su Padre. Pidió al Padre, como ningún otro hombre ha suplicado nunca a Dios, que obrara en forma diversa: "Padre, si es posible, haz que pase de mí este cáliz ..."[8] La segunda parte de su súplica, a diferencia de la primera, no ponía ninguna condición: "Sin embargo, no como yo quiero, sino como quieres tú."[9]

Jesús sufría intensamente en todos los niveles de su ser: física, emotiva, intelectual y espiritualmente. Sin embargo, en lo más hondo de su ser, experimentaba paz profunda y alegría intensa. Esta alegría estaba presente no a pesar del dolor, sino que procedía del dolor.

Jesús conocía la fuente del dolor. Venía del infinito amor del Padre que abarcaba su finita naturaleza humana, haciendo nacer a través de las limitaciones de aquella naturaleza humana una nueva presencia del amor divino en el mundo. De nuevo nos viene al recuerdo: "El reino de los cielos es como una mujer que da a luz a su hijo..."[10] El dolor y la alegría experimentados por Jesús en la cruz eran el dolor de hacer nacer una nueva presencia de Dios en el mundo. Si es inevitable el dolor al dar a luz a un ser humano, imaginad el dolor de hacer nacer a Dios.

El análisis de Santo Tomás de la dinámica del amor nos brinda una ulterior comprensión de la conexión entre amor perfecto y muerte corporal. Señala que el amor incluye el sentirse atraído hacia el amado. Tal atracción requiere conocimiento, aceptación y celebración del amado.[11]

Yo no puedo amar a quien no conozco. Para que mi amor sea profundo, mi conocimiento del amado tiene que ser profundo y verdadero. De otra forma, amo a alguien que existe sólo en mi imaginación. Pero el amor requiere algo más que el conocimiento. El conocimiento puede llevar a amar, pero también puede llevar a odiar. Para amar, tengo que aceptar al amado. Tengo que querer que el amado sea la persona que en realidad es.

El amor de los padres quiere más todavía. Quiere que el hijo crezca y llegue a ser 'aquello' a lo que pueda llegar. El amor de los padres incluye aceptación incondicional.

Pero el amor supone no sólo aceptación. Supone celebración del amado. Decir a alguien y sentirlo: "Doy gracias a Dios todos los días, porque tú eres quien eres" es celebrar la persona. No conozco palabras más hermosas.

Pero el amor presupone aun más que el conocimiento, la aceptación y la celebración del amado. El amor incluye la entrega de sí mismo al amado. Tal entrega requiere de nosotros que sepamos quiénes somos, aceptemos quiénes somos y celebremos quiénes somos.

Puesto que el amor es entrega consciente al amado, ¿cómo puedo entregarme a alguien, si no sé quién soy? ¿Cómo puedo darme, si no veo claro el sentido de mi existencia? Además, si no puedo aceptarme como soy, si estoy lleno de odio hacia mí mismo, ¿cómo puedo darme a algún otro? Nuestra cultura siembra confusión en muchos sobre el significado de la existencia humana y los llena de odio hacia su propia persona. Roba a las personas la capacidad de amar.

Las observaciones anteriores son válidas no sólo para nuestro amor a los demás, sino que regulan igualmente nuestro amor de Dios. Yo no puedo amar a Dios, si no sé quién es. No puedo amar a Dios, mientras no acepte la realidad de que, en verdad, él es Dios. No puedo amarle, si no lo celebro. Esto es lo que llamamos adoración. Decir a Dios y sentirlo: "Gracias a Dios, porque tú eres Dios" es adorar.

Cristo vino para revelarnos quién es el Padre y para enseñarnos a aceptarlo y celebrarlo. Vino también para revelarnos quiénes somos nosotros, enseñarnos que somos hijos de Dios, hechos a su imagen y semejanza, creados por él para participar plenamente en su vida divina.

Con esta explicación llegamos a la conexión entre amor perfecto de Dios y muerte real. Para conocer, aceptar y celebrar a Dios en amor perfecto, tengo que conocer, aceptar y amarme a mí mismo como criatura, un ser que no es nada separado de Dios. Tengo que celebrar la verdad de que mi vida es un don. Que viene del Padre. Que pertenece al Padre. Que él puede reclamármelo en cualquier momento, en cualquier lugar y en las circunstancias que él escoja.

Sólo muriendo llego a la desnuda verdad de mí mismo. No soy nada separado de Dios. Aceptando mi mortalidad, llego cara a cara conmigo mismo en cuanto criatura. Sólo aceptándome como criatura puedo aceptar a Dios como mi Creador. Donde esté más cerca de mi nada, me encuentro más cerca de Dios.

Si sudo sangre, si pido al Padre que me permita seguir existiendo, pero digo con Cristo: "No mi voluntad, sino la tuya", si devuelvo mi vida a Dios tan libremente como él me la dio, entonces habré aceptado finalmente a Dios en amor perfecto. Al instante siguiente, habiendo pasado la puerta, me encontraré contemplando amorosamente a Dios cara a cara. ¿Me sucederá así?

---

[1] Rm 7, 19.

[2] Jn 15, 13.

[3] Mt 26, 39.

[4] Mt 26, 39.

[5] *Cf. Catecismo de la Iglesia Católica,* nº 2182. "Testimonian (los fieles) a la vez la santidad de Dios y su esperanza de la salvación. Se reconfortan mutuamente guiados por el Espíritu Santo."

[6] Mt 16, 24.

[7] Jn 15, 13.

[8] Mt 26, 39.

[9] *Ibid.*

[10] *Cf* Jn 16, 21.

[11] *Summa Contra Gentiles* I, 91.

CAPÍTULO DOCE
El Fin del Viaje

De cara a la muerte recordamos la vida

§

La muerte destruye el contacto sensible con los demás,

Pero no las funciones superiores

Como la memoria y el amor

§

Después de la muerte seremos más conscientes

De la providencia de Dios

§

Después de la muerte hay un proceso de purificación

§

EL FIN DEL VIAJE

Acabas de morir. Hace un momento tu alma todavía animaba a tu cuerpo. Podías ver, oír, tocar y sentir si alguien te tocaba. Tu corazón seguía latiendo. Estabas todavía en contacto vivo con el mundo sensible, visible, audible en el que se movían aquellos a quienes amabas. Luego tu corazón dejó de latir. Ahora tus ojos se han oscurecido. Tus oídos ya no responden a los sonidos. Tu sentido del tacto ha desaparecido. Tu contacto con el mundo sensible que te rodea se ha interrumpido. Tu cuerpo cesa de estar regido y animado por tu alma. Has muerto.

Supiste hace seis meses que esto te iba a ocurrir. Conociste por el doctor que era inevitable la muerte de tu cuerpo. Cuando oíste por vez primera esta palabra funesta, quedaste paralizado. Este aturdimiento duró un cierto tiempo, luego caíste en la depresión y el miedo.

Más tarde entraste en un período febril en que buscabas todos los remedios posibles para curar tu enfermedad. En este tiempo te volviste insistentemente a Dios en la oración, pidiéndole que te curara. Por último aceptaste, no de buena gana, la voluntad de Dios. Con esta aceptación te vino una tenue paz.

Aunque sufrías dolores físicos, tu mente seguía lúcida y despierta durante tu última enfermedad. Esto te proporcionaba a la vez sufrimiento y un cierto consuelo que acompañaba al dolor. Tu esposa, hijos y nietos eran tu principal preocupación. Con precisión de láser comenzaste a recordar tu vida entera desde la época más temprana hasta el presente. Al principio lo hacías sin darte cuenta.

Más tarde este revivir tu pasado se convirtió en ejercicio deliberado, consciente. Tú fuiste gran admirador de las confesiones de San Agustín y él fue quien te inspiró este ejercicio espiritual del recuerdo.[1]

Hacia la mitad de sus años treinta, Agustín se dio cuenta de que el amor de Dios habitaba en el centro de su vida desde el principio. Ese amor había estado operando desde el momento de su concepción en el vientre de su madre Mónica. Había sido el factor determinante en cada etapa de su desarrollo.

Agustín, sin embargo, había estado ciego, mudo e insensible a su presencia. Para corregirlo, Agustín se puso deliberadamente a examinar toda su vida. Sus confesiones son un diálogo consciente con la presencia amorosa de Dios en cada momento de su existencia. El ejemplo de Agustín te movió a dedicar la mayor parte del tiempo que te quedaba en este mundo a un semejante ejercicio mental de recordar y revivir.

Reflexionando en oración y consciente de la presencia de Dios, llegaste a ver el pasado más y más a través de los ojos de Dios. Era como si estuvieras viviendo el pasado por vez primera. Sabedor de que tu vida en la tierra terminaría en breve, viste como nunca habías visto antes, que las cosas preciosas que amabas eran don de Dios. Cierto que ya lo habías afirmado antes. Ahora, sin embargo, experimentabas de verdad el amor de Dios como la fuente de todo bien que diariamente te sucedía en la vida. A veces te abrumaba esta experiencia.

Tu mujer, hijos y nietos se convirtieron en manifestaciones del amor que Dios te tenía con una claridad que nunca habías probado anteriormente. El rosal del jardín, el canto de los pájaros que allí se refugiaban, el calor del sol acariciando tu cuerpo..., todo se convirtió en milagros vivientes y manifestación del amor divino.

Examinando tu pasado, reconociste las tres etapas clásicas del progreso en el reconocimiento del amor de Dios. Desde tus primeros años estuviste dotado del sentido del amor de Dios y de su poder reflejado en la naturaleza. Los lirios del campo, los pájaros del cielo y el milagro de los niños despertaban tu admiración ante la creación de Dios. Esta admiración se expresaba en tu entusiasmo por la espiritualidad de San Francisco de Asís. Era el santo con el que más te identificabas.

La segunda etapa de tu crecimiento espiritual fue brotando gradualmente de la primera. Durante los primeros años de matrimonio fuiste más consciente de la presencia de Cristo en el mundo. El nacimiento de tu primer hijo te hizo recordar la presencia de Cristo en los demás. En ese tiempo descubriste de un modo nuevo la presencia de Cristo en tu esposa, hijos y en los demás, seglares o religiosos, cuyas cualidades espirituales te atraían.

Siempre sentiste la presencia de Cristo en la Iglesia, su cuerpo místico. En la segunda etapa del crecimiento espiritual llegaste a una mayor conciencia de esa presencia. Ese conocimiento se convirtió en conciencia clara de la Iglesia como el mismo Cristo. A partir de ahí te comprometiste más en la vida de oración y en las actividades apostólicas de la Iglesia.

La asistencia a la santa misa se convirtió cada vez más en el acontecimiento principal del día. Tú y tu esposa os sentisteis atraídos por algún movimiento a favor de la vida. Te diste cuenta de que tu palabra y tu ejemplo habían influido sobre algunas personas para abrazar el catolicismo. Empezaste a rezar con más frecuencia por las vocaciones al sacerdocio y a la vida religiosa. Esperabas que, quizás, alguno de tus hijos oyera la llamada de Cristo a seguirle.

A medida que se iba desarrollando tu vida espiritual, experimentabas una conciencia creciente de Cristo dentro de ti. Se vieron afectados los movimientos de tu cabeza, corazón, emoción, imaginación y memoria. Tu director espiritual te dijo que estabas entrando en la tercera etapa del viaje hacia Dios, la etapa del Pentecostés.

Ahora te encontrabas actuando más y más como de forma sacerdotal, hablando y obrando conscientemente como instrumento de Cristo, que vivía en ti. Era tu creciente deseo permitirle a Cristo que se sirviera de tus palabras y acciones. Deseabas que Cristo te hiciera instrumento para hacer nacer su presencia en tu familia, amigos, compañeros de trabajo e incluso en los desconocidos con quienes te encontrabas a diario. Desde tu personal experiencia entendiste lo que San Pablo quería decir: "Ya no soy yo quien vive, es Cristo quien vive en mí."[2]

Estos recuerdos reflejaban los momentos buenos del pasado. Sin embargo, en tu ejercicio de recordar, se hacía cada vez más presente lo espiritualmente negativo de ese pasado.

Lo que revivió con nueva claridad fueron tus muchos defectos. Los defectos provenientes de tu egoísmo, tu orgullo, tu deseo de mandar, tu mucha vanidad, tu apego exagerado a los placeres de la vida y a la seducción de los bienes materiales.

Mientras recordabas las flaquezas que poblaban tu pasado y continuaban impregnando tu presente, comprendiste con claridad la confesión de San Pablo: "Puesto que no hago el bien que quiero, sino que obro el mal que no quiero."[3] Mientras examinabas estos defectos del pasado y del presente, comenzaste a comprender cómo se estaba sirviendo Dios de tus recuerdos para darte lecciones que de otra manera nunca hubieras aprendido. En una palabra, experimentabas el amor de Dios que actuaba sirviéndose de tus defectos como ocasiones de gracia en tu vida. Y entendiste a San Pablo cuando decía: "Por tanto, con sumo gusto seguiré gloriándome en mis flaquezas, para que habite en mí la fuerza de Cristo."[4]

La clásica distinción entre pecado mortal y pecado venial adquirió un sentido nuevo.[5] La diferencia entre amar a uno más que a cualquier otro y la de amar a una persona tanto como esa persona merecía ser amada adquiría una importancia nueva. En esos meses finales de tu existencia sobre la tierra podías decir con sinceridad que no eras consciente de ningún pecado mortal en tu alma que no hubiera sido perdonado. Podías afirmar, por tanto, que a tu entender amabas a Dios más que a cualquier otra persona o bien. Sin embargo, también sabías que seguías lejos de amar a Dios tan plenamente como merecía ser amado.

Durante estos últimos días, Dios te forzaba suavemente a disminuir tu intenso apego a los bienes preciosos de la vida, bienes que él te había dado. Te invitaba a celebrarlos 'con las manos abiertas' como regalos suyos. Comenzaste a sentir su amor en las cosas como nunca habías experimentado antes. El amor de Dios llenaba más y más el vacío creado por tu desprendimiento. Dejaste de estar apegado a las cosas como si te pertenecieran por derecho y comenzaste a gustarlas como medios, espejo y revelación de su amor.

Dejaste de tratar de encontrar en ellas una felicidad que sólo Dios te podía dar. Sabías que no te pedía rechazarlas. Te invitaba a amarlas en él y a él en ellas. Te encontraste enamorándote de esta vida con una pureza y una intensidad que nunca habías sentido antes. En otras palabras, reconociste que tu amor por la vida y tu amor por Dios estaban sufriendo una profunda purificación. El amor de Dios estaba emergiendo del centro de tu vida para posesionarse de todos los aspectos de tu ser, pasado y presente.

Tu relación afectuosa con tu mujer aportó lo mejor para ayudarte a entender el proceso de purificación que estabas atravesando en tu relación con Dios. Desde que te enamoraste, ella había ocupado siempre el primer puesto en tu afecto. Esta fidelidad nunca titubeó a pesar de los muchos defectos humanos que aparecían mientras vuestro amor maduraba. Con todo, aun amándola más que a cualquier otro ser humano, sabías bien que todavía estabas lejos después de cuarenta y cinco años de matrimonio de apreciarla y amarla como ella merecía ser amada.

Durante tus últimos días de preocupación ansiosa por ella y los hijos ante tu inminente ausencia, te sorprendías continuamente ante la fuerza y serenidad con que llevaba tu crisis. Te diste cuenta de que después de todos esos años, todavía tendías a subestimar su fidelidad y su fortaleza.

Comprendiste por qué habías dejado de ver antes en ella estas cualidades. Tu excesiva confianza en tu capacidad para gobernar la casa te había mantenido lejos de ver en ella la fuerza que siempre tuvo. Fue necesario que experimentaras tu propia impotencia y abandonaras tu deseo de mandar para darte cuenta de las cualidades que siempre estuvieron presentes en ella, pero ante las cuales tú siempre habías estado ciego. Y lo mismo sucedía con otros aspectos de su vida, que anteriormente te habían pasado desapercibidos.

Mediante esta nueva relación con tu esposa, adquirías una nueva percepción de tu relación con Dios. Te diste, finalmente, cuenta de otra cosa. Después de todos esos años viviendo a diario con tu esposa, todavía te faltaba reconocer y probar todas sus cualidades para ser amada. Si esto era cierto de las relaciones con tu mujer a la que veías a diario, estabas igualmente poco preparado para ver y experimentar de lleno las infinitas cualidades para ser amado que tiene Dios, a quien no podías ver.

Te acordaste de las sabias palabras de tu director espiritual: Sólo el amor espiritual en el corazón capacita para experimentar la capacidad de ser amados que hay en los otros. Como Dios es perfecto amor, sólo el amor perfecto en el corazón removerá las escamas que nos apartan de la visión cara a cara con Dios.

Comenzaste a entender más claramente la auténtica necesidad de una purificación mayor del amor de tu corazón antes de poder experimentar el puro, infinito amor de Dios. Este pensamiento ocupaba tu mente cuando tu corazón dio un vuelco y luego se paró de repente. La muerte tomó posesión de tu cuerpo.

Tu cuerpo ya no está vivo y actuando como instrumento de tu alma. Tu mente sigue vigorosamente activa. Tus afectos siguen intensamente vivos y claros. Tu memoria te representa con maravillosa claridad la experiencia entera de tu vida para que la contemples. Estás plenamente consciente de la presencia de Dios, gobernándote amorosamente.

Nada ha cambiado en el nivel más alto de tu conciencia. Sólo que tu cuerpo ya no interviene. Los sentidos corporales cesan de aportar datos a tu mente. Los instrumentos sensibles del placer y del dolor han desaparecido. Ya no puedes ver a los que amas, ni hablarles, ni escucharles cuando te hablan. No disfrutas el sentimiento agradable de placer que su presencia te causaba. Es como si tú fueras el único que está vivo y todos los demás hubieran muerto y se hubieran alejado de ti.

Tu mente está clara, tus afectos son más fuertes que nunca y puedes recordar tu vida entera. Tienes una conciencia más elevada de la presencia de Dios que te mantiene en el ser y te invita a su amor. Asimismo sientes la presencia de Cristo en tu corazón. Como esta presencia todavía no es perfecta, no te permite ver la plena irradiación de su presencia real en tu vida. Comprendes que tiene que suceder una ulterior purificación del Cristo que habita en ti antes de que puedas ver el resplandor fulgurante de su amor en tu vida entera. En este encuentro estás pasando el juicio particular.

Como no tienes contacto sensible con la vida, no puedes tomar decisiones o realizar actos que merezcan nuevo crecimiento espiritual. Sólo te queda invitar al amor de Dios a que te permita ver con toda claridad el esplendor de su obra en tu vida desde el principio. Tu cooperación con ese amor es ahora más pasiva que activa, aunque completamente consciente y libre.

Tu estado presente te trae a la memoria el haber leído en vida la historia de un diplomático americano que había sido secuestrado por un grupo clandestino en el Oriente Próximo.

Lo tuvieron en total aislamiento durante más de cinco años. Durante esa reclusión no fue maltratado. Sin embargo, se le negó todo contacto con el exterior. Permaneció en la oscuridad sin libros, radio o comunicación con otras personas. Se encontró completamente aislado durante meses, tan sólo acompañado de sus recuerdos y cariño en el corazón hacia las personas que amaba.

Cuando cinco años más tarde lo dejaron libre, apareció una persona profundamente cambiada. Siendo persona religiosa, fue consciente de la presencia de Dios en su vida. Se veía forzado por una especie de violencia que él mismo se hacía a dirigirse a Dios como nunca lo había hecho antes en su vida.

A raíz de su liberación, manifestó cómo aquella experiencia le había impulsado a examinar su vida entera a través de los ojos de Dios. Como respuesta, Dios se convirtió en su único consuelo. El resultado fue una purificación profunda del amor por su mujer, familia, amigos, el mundo y él mismo. No manifestó ninguna amargura ante aquella prueba terrible. Al contrario, no sentía más que gratitud hacia Dios por haberle iluminado. Estaba agradecido porque sus relaciones con todos los que amaba habían sido elevadas a un más alto nivel.

Recordando esta historia, comprendiste que la experiencia por la que estás atravesando no es muy diferente de la vivida por aquel diplomático. Siempre habías imaginado el purgatorio como un lugar extraño, exótico, distinto de todo lo que habías podido experimentar mientras vivías. Ahora descubres que el purgatorio te es completamente familiar. Ya habías estado antes en él.

Recuerdas el sufrimiento que pasaste con la muerte de tu padre. Más tarde, te encontraste con un dolor parecido con la muerte de tu madre. Con sus muertes, perdiste el contacto físico y sensible con ellos. Ya no podías verlos, oírlos, reírte con ellos, tomar juntos una taza de café. El vacío doloroso creado con su marcha duró largo tiempo. Como siempre los habías tenido presentes, era como si de pronto hubieran desaparecido del mundo de tus realidades.

Luego, de aquel doloroso vacío emergió algo. Comenzaste a sentir a tu padre y a tu madre vivos en ti de una forma completamente nueva. No estaban fuera, sino dentro de ti. Descubriste nuevos caminos por los que volvieron a la vida en los recuerdos que de ellos conservabas. Te diste cuenta de que su presencia influía en tu modo de pensar. Por vez primera llegaste a reconocer en tu corazón cuánto se había enriquecido tu vida con su presencia externa y cuán indispensables habían sido para tu felicidad.

Cuando ya no seguían físicamente presentes para satisfacer tus caprichos, comenzaste a verlos por fin como eran, en toda la riqueza de su personalidad. Comenzaste a amarlos de un modo completamente diverso. Los veías más y más por lo que eran, un regalo maravilloso que Dios te había hecho para revelarte su amor personal hacia ti. Llegaste a darte cuenta por primera vez de que no eran padres tuyos por una feliz casualidad. Dios los había escogido concretamente para ti. Los reconociste como espejos de Dios, que reflejaban su amor personal por ti. Así comenzaste a amarlos en Dios y a Dios en ellos.

Recuerdas la doctrina de Santo Tomás sobre el amor.[6] Sólo se alcanza la perfección del amor cuando el amado existe dentro de uno tan intensamente, que su presencia externa, por dulce que sea, se convierte en secundaria frente a su presencia interna. Desde tu experiencia de la purificación del amor por tus padres mientras vivían, hiciste la comparación con lo que ahora te está sucediendo en el purgatorio.

Tu separación física de todos los demás que amabas en la tierra era buscada por Dios como preparación para la misma purificación de tu amor por ellos que él había realizado respecto a tus padres. Dios no te los había quitado. Era la preparación para devolvértelos de una forma mucho más maravillosa, lo mismo que te había devuelto a tus difuntos padres, cuando tú estabas todavía en este mundo.

Reconociendo esta dinámica del amor, aceptaste el sufrimiento que lo acompaña. Es el pequeño precio que hay que pagar para alcanzar finalmente el amor más profundo posible de los que has dejado atrás, amándolos en Dios y amando en ellos a Dios. Reconoces en este sufrimiento la noche oscura de los sentidos, sobre la que san Juan de la Cruz había escrito tan acertadamente.[7] Tu dolor se convierte en dulce dolor.

Por este tiempo comprendes que hay sólo dos caminos para experimentar la presencia de Dios. El camino ideal es ver a Dios cara a cara. No habiendo llegado a este encuentro directo, recurres al segundo camino, el camino de ver y experimentar el amor de Dios en ti y a través de los reflejos de su presencia como se ven en la bondad de su creación. Luego te das cuenta de que si no adviertes la plenitud de la presencia de Dios reflejándose en toda tu vida, estás lejos de estar preparado para el encuentro cara a cara con el mismo Dios.

El purgatorio nos purifica del amor a las criaturas para prepararnos a la experiencia inmediata de Dios. Es continuación del mismo proceso de purificación que tuvo lugar durante tu vida en este mundo. Sólo que ahora comprendes y te alegras de este proceso amoroso, mientras que en vida te costaba verlo cargado de sentido.

Ahora no sólo comprendes que el amor de Dios está actuando en tu sufrimiento presente, sino que lo abrazas y cooperas activamente con él. Comprendes que cuanto más pronto tu amor por las criaturas haya sufrido esta purificación radical, más pronto llegarás a la experiencia perfecta, directa, intuitiva de la infinita bondad de Dios y antes llegarás a la posesión perfecta de cuantos amas.

A medida que se purifica tu amor por estos dones de Dios, el esplendor de su presencia reflejada en ellos brilla con más intensidad. Esta intensificada experiencia del amor de Dios actuando en toda tu vida aporta una forma nueva de sufrimiento. Revela con dolorosa claridad la mediocridad de tu vida. Deja al descubierto la incomprensión y egoísmo que dominaban todas tus acciones. Manifiesta la falta de compasión y generosidad en tu trato con los demás. Revela finalmente tus excesos en busca de los placeres de la vida y demás defectos que llenaban tu humana existencia y que aún ejercen poder sobre ti.

Experimentas un dolor humillante, como San Pedro lo sintió. Cuando se encontró de nuevo en presencia del Señor resucitado, se acordaba dolorosamente de su negación. Te sientes completamente indigno de estar en la presencia de Dios. Sin embargo, el amor de Dios sigue viniendo hacia ti a pesar de tu pecado. Llegas a darte cuenta de que tus defectos son la condición necesaria para comprender que el amor de Dios no se conquista, sino que se da gratuitamente.

Recuerdas la expresiva comparación de Santa Teresa de Ávila entre el alma humana y un vaso de agua. Nos dice la santa que examinemos un vaso de agua a la luz normal del día. Aparecerá pura y transparente. Luego, alzad el vaso de agua hasta los rayos brillantes del sol y veréis toda clase de impurezas que no se veían a la luz ordinaria del día. Así también, cuando el alma se hace transparente a la luz directa del amor divino, sus muchas impurezas se hacen visibles.

El dolor de esta purificación viene del propio conocimiento. Tú aceptas el dolor como inseparable de la preparación previa al encuentro directo con Dios. En la experiencia por la que estás pasando de tu profunda indignidad reconoces la noche oscura del alma descrita por San Juan de la Cruz. Por ello no desesperas. Antes bien, se intensifica tu esperanza.

Recuerdas haber oído la música de Beethoven cuando eras niño. Al principio no te causaba ninguna emoción. La escuchabas como un ruido caótico, sin sentido. Después de escucharla varias veces, algunas partes y obras enteras de su música comenzaron a sonar dentro de ti. Empezabas a comprender la relación entre partes aparentemente inconexas entre sí.

En los últimos años, después de mucho escuchar, pudiste apreciar el genio de Beethoven en cada una de sus notas. Vivías la fuerza, belleza y sentido de sus composiciones. Todas las notas se relacionaban entre sí. No había intervalos sin sentido o sonidos complicados. De la multiplicidad de sonidos irradiaba una espléndida unidad. El Beethoven encarnado en su música despertaba al Beethoven que dormía en ti.

Algo parecido te está sucediendo ahora. Contemplas toda tu vida en el contexto de la presencia de Dios iluminadora, amorosa. En lo que al principio te parecían trozos y notas sueltas, comienzas a reconocer el trabajo unificador del amor divino.

Recuerdas la enseñanza de Jesús, que tu vida es una obra maestra del arte y amor divino: "Ni un gorrión cae al suelo...", "Hasta los cabellos de tu cabeza están contados."[8] Cada vez ves con mayor claridad a través del amor de Dios la estrecha correlación de cada parte de tu vida: las victorias y las caídas, las virtudes y los vicios, las sombras y las luces. El esplendor del amor de Dios brilla a través de tu vida como un fuego purificador que quema tus impurezas y vanidades.

Mientras dejas correr las riendas de tu imaginación sobre las cosas buenas de la vida que amabas con tanta intensidad, se hace más intensa tu amorosa relación con Dios. Experimentas con siempre creciente claridad los rayos de su amor en cada aspecto de tu vida. Tiene lugar una especie de transfiguración de toda tu vida, en que resplandece el infinito amor de Cristo cada vez con mayor intensidad. Como Pedro, Santiago y Juan en el monte de la transfiguración te postras en presencia del profundo misterio.

Santo Tomás nos dice que el amor nos identifica con el amado y que el amor busca la unión con el amado. La separación del amado o cualquier desgracia del amado nos produce dolor. Santo Tomás señala que Dios es perfecto y que está siempre presente en nosotros. Por tanto el sufrimiento nunca puede venir del perfecto amor de Dios. De tal amor sólo puede venir paz y alegría, que Santo Tomás describe como frutos inmediatos del amor de Dios.[9]

En el purgatorio comprendes que Dios es perfecto amor y que al fin llegarás a poseerlo a él y todo cuanto amas. Así, de este conocimiento te viene gran alegría y paz. Al mismo tiempo ves que Dios está presente en ti y esto aumenta tu paz y alegría. En este sentido el purgatorio es un estado sobremanera pacífico y lleno de alegría.

Con todo, aunque Dios por su parte está presente en ti, las impurezas del amor en tu corazón te separan de la visión cara a cara. Aunque ansías la visión inmediata, sabes que la tardanza no viene de él. Por ello le pides que continúe el trabajo de purificación. Y tú abrazas el proceso de todo corazón.

Por extraño que parezca, cuanto más deseas la unión con él, mayor es el dolor de la separación. Te ves a ti mismo como alguien que vuelve a casa después de años de separación de sus seres queridos. Cuanto más cerca está de casa y de quienes ama, tanto más intenso se hace el deseo del encuentro. Consiguientemente se hace más intenso el dolor de la separación.

El amor de Dios se te presenta cada vez con mayor esplendor en el conjunto de tu vida. Experimentas alivio en tu dolor, cuando su amor empieza a apoderarse de todos los aspectos de tu existencia. Estás llegando más cerca del encuentro cara a cara.

Por último alcanzas aquella perfección de amor que te permite restituirle todos los bienes: el padre, la madre, la familia, los amigos y tu misma vida. Con este acto de entrega, todo en ti clama por la unión con Dios. Sin embargo, no llega todavía el encuentro cara a cara. Gritas de nuevo: ¡Ahora, ahora! Y todavía no llega. Luego comprendes que tu voluntad sigue todavía pretendiendo dirigir esta unión con Dios. Te das cuenta de que estás jugando a ser Dios. Comprendiéndolo así, te diriges a Dios para decirle: "Cuando tú quieras." En ese mismo instante, VES

---

[1] Las *Confesiones de San Agustín* son las obras escritas por él entre 397- 401 a.C.

[2] Ga 2, 20.

[3] Rm 7, 19.

[4] 2 Co 12, 9.

[5] *Cf. Catecismo de la Iglesia Católica,* nn. 1855-1856: "El pecado mortal destruye la caridad en el corazón del hombre por una infracción grave de la ley de Dios; aparta al hombre de Dios, que es su fin último y su bienaventuranza, prefiriendo un bien inferior. El *pecado venial* deja subsistir la caridad, aunque la ofende y la hiere."

[6] Santo Tomás observa que nuestra capacidad de obrar depende de la operación interna del amor, porque el amor es lo que mueve la voluntad. *Cf. Contra Gentiles*, IV, 19. Lo dice muy claramente con respecto al amor de Cristo cuando cita a San Pablo, 2 Co 5, 14: "El amor de Cristo nos urge..."

[7] San Juan de la Cruz nació en 1542 y murió en 1591. Fundó la Orden de los Carmelitas Descalzos. Se unió la imaginación del místico y poeta con la precisión del teólogo y filósofo, según la tradición de Santo Tomás. Sus poemas describen la purificación del alma en su camino hacia Dios.

[8] *Cf.* Mt 10, 29-30.

[9] Tomás de Aquino *Summa Theologiae* I, 70, a. 3.

CAPÍTULO TRECE
El Encuentro Cara a Cara

Lo que conocemos del encuentro cara a cara

§

La buena nueva

§

El cielo es como una fiesta de bodas

§

La naturaleza del conocimiento

§

Criaturas corporales

§

Los cuerpos espirituales de los resucitados

§

EL ENCUENTRO CARA A CARA

¿Qué le sucede a una persona que ha alcanzado ese perfecto amor de Dios que quita todas las barreras para el encuentro cara a cara con él? ¿Qué experimentará? Hay muchas preguntas sobre cómo será el encuentro amoroso cara a cara con Dios.

Estas preguntas giran ordinariamente alrededor de temas concretos. ¿En qué se diferencia el cielo de la tierra? ¿En qué difiere la existencia de los bienaventurados de la que tenían en la tierra? ¿Puede describirse la visión beatífica?

No habiendo disfrutado nunca de este encuentro cara a cara, no puedo dar respuesta a estas preguntas desde una experiencia personal. Pero tampoco he encontrado a ninguna persona que haya sido agraciada con esta visión y que pudiera responder a tales preguntas.

Me encontrado personas, y a algunas las tomo en serio, que me han confiado que se les ha aparecido la Virgen. Me he encontrado con otros, que pretenden haber visto a uno u otro santo. Más rara es la persona que afirme haber visto a Jesús. Pero todavía estoy por encontrar a una persona en este mundo que diga haber visto a Dios, o que Dios se le haya aparecido.

Me encuentro frecuentemente con gente que me dicen haber disfrutado experiencias intensas de la presencia del amor divino que los rodea y los abraza. Experiencias de este género son bastante comunes entre personas espirituales. Por dondequiera que voy ejerciendo mi ministerio sacerdotal, encuentro personas que son auténticamente santos, que viven su vida en presencia de Dios y de Cristo. Ya no me sorprenden los encuentros con personas santas, aunque ellos serían los últimos en tenerse por tales. Las encuentro por dondequiera que voy. Pero sigo sin encontrar a alguien que pretenda haber visto a Dios cara a cara.

Santo Tomás en sus escritos tempranos, contemplaba la posibilidad de que tal vez dos personas en este mundo hayan sido favorecidas con un breve encuentro cara a cara con Dios. Lo enseñaba así por respeto a las tradiciones de su época. Los dos hombres en quienes pensaba Tomás eran Moisés en el Monte Sinaí y San Pablo en el camino de Damasco. Sin embargo, en años posteriores Santo Tomás abandonó esta posición por razones complejas.[1]

San Pablo en sus epístolas describe a un hombre que puede haber experimentado en esta vida la visión directa de Dios. Escribe: "Y sé que este hombre, -en el cuerpo o fuera del cuerpo, no lo sé, Dios lo sabe-, fue arrebatado al paraíso y oyó palabras inefables que el hombre no puede pronunciar."[2] Algunos teólogos sostienen que Pablo está narrando su propia experiencia, que consistió en el encuentro cara a cara con Dios. Pero el mismo Pablo dice en otro lugar: "Ahora vemos en un espejo, en enigma. Entonces veremos cara a cara. Ahora conozco de un modo parcial, pero entonces conoceré como soy conocido."[3]

En el antiguo testamento, en el libro del Éxodo, se lee: "Yahvé hablaba con Moisés cara a cara, como habla un hombre con su prójimo."[4] Moisés, al describir su mística experiencia en el Monte Sinaí, nos habla de la zarza ardiente y de la voz de Yahvé hablándole desde la zarza. Sin embargo, también leemos en el Éxodo: "Pero mi rostro no podrás verlo, porque nadie puede verme y seguir con vida."[5] Luego, el Señor permite a Moisés que vea la espalda del Señor y dice de nuevo: "Pero mi rostro no lo verás."[6]

Jesús nos dice: "Nadie conoce al Hijo, sino el Padre; ni al Padre lo conoce nadie sino el Hijo, y aquel a quien el Hijo se lo quiera revelar."[7] Leemos que Jesús tomó consigo a Pedro, Santiago y Juan y los llevó a la montaña. Allí tuvo lugar la Transfiguración. Por un momento la gloria de su divinidad brilló a través de su humanidad. Sus vestidos se volvieron blancos como la nieve. Moisés y Elías aparecieron cada uno a su lado. Y la voz del cielo proclamó: "Este es mi Hijo amado ... Escuchadle."[8]

Sin embargo, en ninguna parte de los evangelios se lee que Jesús llevara a sus seguidores hasta una experiencia cara a cara con el Padre. Cuando Felipe le pidió a Jesús en la última Cena: "Muéstranos al Padre", la respuesta de Jesús fue: "El que me ha visto a mí, ha visto al Padre,"[9] Pero conocer a Jesús en su naturaleza humana es ver en él un reflejo del Padre, no la visión cara a cara.

Así pues nos encontramos de viaje, caminando hacia una meta que nadie en esta vida ha visto. Cristo, sin embargo, nos ofrece vislumbrar indirectamente el misterio de la divinidad. Eso nos permite algunas conjeturas sobre la visión beatífica y conocer algunos de los elementos que comportará.

Una de las enseñanzas de Cristo es que la creación entera es una obra de amor del arte divino.[10] La creación incluye la encarnación de la sabiduría divina, amor, belleza, poder y riqueza del ser propio de Dios. Consiguientemente vemos reflejos de la presencia radiante de Dios en los espejos de la naturaleza, del cuerpo místico y, quizás, incluso reflejos de lo divino procedentes de nuestro interior.

Basándonos en esta enseñanza de Jesús, podemos formular esta conclusión. Si uno pudiese alcanzar, abrazar, gustar, poseer y experimentar la totalidad del universo creado y agotar en este abrazo toda la alegría y satisfacción que el universo puede brindar, estaría experimentando sólo una presencia finita de la riqueza infinita, bondad, belleza y sabiduría existentes en Dios. Cristo dice: "¿De qué le sirve al hombre ganar el mundo entero, si al final pierde su vida?"[11]

La más mínima porción de alegría presente en el encuentro directo, intuitivo con la realidad divina trascendería infinitamente la alegría posible de la posesión del mundo entero. Esto es claro, puesto que Dios trasciende la perfección conjunta de su creación.

Pudiéramos expresar este pensamiento de un modo ligeramente diverso. Si hubiera que extraer del corazón de todos los hombres que han existido toda la alegría que han obtenido de la variedad infinita de cosas buenas con las que Dios ha poblado el universo, y este cúmulo de alegría de millones de gentes pudiera concentrarse en el corazón de una persona, esa alegría sería también una más de las que se derivan de la experiencia de los bienes finitos de la obra creadora de Dios. El más pequeño encuentro directo del más humilde de los santos en el cielo con la riqueza infinita de Dios produciría una alegría que trasciende infinitamente toda la posible alegría junta que existe en el universo.

Cristo, pues, nos enseña que cualquier alegría que disfrutamos en esta vida procedente de los bienes creados del Padre, es un anticipo de las alegrías que se gustarán en el cielo. Como alguien ha dicho, las alegrías de este mundo son como el aperitivo que prepara nuestro apetito para el banquete que nos está reservado en el cielo. De hecho, una buena parte de la misión apostólica de Jesús estuvo dirigida a ayudar a sus discípulos a gozar más plenamente de las cosas buenas de esta vida precisamente como preparación para las alegrías futuras del cielo.

Jesús, por esta causa fue criticado duramente por sus enemigos. Lo acusaron de bebedor y glotón.[12] Su respuesta fue reveladora de la promesa de la vida futura: "Pueden acaso los invitados a la boda estar tristes mientras el novio está con ellos? Días vendrán en que les será arrebatado el novio y entonces ayunarán."[13]

Cristo se presenta como el novio con relación a sus discípulos, quienes son su prometida. Él compara su presencia con esta novia en un banquete de bodas.

Para los judíos de su tiempo, el acontecimiento máximo de la vida era la celebración de una boda, que podía durar varios días. En esa ocasión se juntaban los amigos para alegrarse gozando de la presencia amorosa de Yahvé y del amor mutuo. Cuando a Cristo se le preguntó explícitamente cómo sería el cielo, él lo comparó con una fiesta de bodas.[14]

Hay una diferencia significativa en la comprensión de Dios entre la fe cristiana, la de los judíos y la de los creyentes del Islam. La fe de las tres religiones mayores son monoteístas.[15] Sin embargo, la fe cristiana sostiene que en la unidad de la divinidad existe una Trinidad de Personas: Padre, Hijo (el Verbo) y el Espíritu Santo. El misterio de la divinidad incluye una comunidad de personas divinas que existen dentro de la unidad de la naturaleza divina. Consiguientemente el encuentro con Dios comporta entrar en una comunidad amorosa de personas divinas.

La fiesta de bodas en la descripción que Jesús nos da del cielo va más allá de una reunión humana comunitaria, amorosamente observada por Dios desde fuera. Más bien, es una participación directa en la dinámica de las amorosas relaciones que unen al Padre, al Hijo y al Espíritu Santo. La fiesta de bodas divina se está celebrando desde toda la eternidad. Cristo nos anima a entrar como invitados. Cristo enseña a sus discípulos en la tierra a ver en la alegría de las fiestas de boda en este mundo un espejo de la alegría eternamente presente en las relaciones de amor de las tres divinas personas.

Es necesario entender la naturaleza del conocimiento cuando se habla del encuentro cara a cara con Dios, la visión beatífica. Santo Tomás distingue dos formas principales de conocimiento. Al primero, lo llama conocimiento especulativo, y al segundo, conocimiento afectivo.[16]

El conocimiento especulativo presenta al entendimiento la verdad de la realidad. Es un conocimiento que pudiéramos llamar 'cerebral'. El conocimiento afectivo pone al 'corazón' en contacto con la bondad o amabilidad de una realidad por medio de la experiencia real de las excelencias del objeto. El conocimiento afectivo, por tanto, es un conocimiento práctico, existencial y experimental. Es conocimiento por el amor.

Tendemos a imaginar el encuentro con Dios más en términos de amor afectivo que especulativo. Dios nos invita así: "Gustad y ved qué bueno es el Señor."[17]

El encuentro cara a cara con Dios supone sin duda los dos conocimientos, el especulativo y el afectivo. En la visión beatífica conocemos la verdad de Dios y experimentamos su infinita bondad. La visión beatífica conlleva, por tanto, una posesión inmediata, práctica, intuitiva, amorosa de la bondad infinita de Dios. Seremos poseídos por Dios tanto en el corazón, como en la inteligencia.

Esta unión amorosa con Dios es algo más que un quedarse sentados pasivamente contemplando la divinidad. Es sobretodo un abrazo amoroso con el que Dios nos atrae a una intensa participación de la vida divina. Cristo promete en la Eucaristía: "El que come mi carne y bebe mi sangre permanece en mí y yo en él."[18] "Como el Padre y yo compartimos la misma vida, así vosotros compartiréis esta vida con nosotros."[19]

La vida que se nos invita a participar es el origen de cuantos seres existen. Ella mantiene todas las cosas en el ser. Nuestra participación en esta vida divina nos coloca inmediatamente en una relación nueva con toda la creación de Dios.

Consideremos de nuevo a uno que visita la capilla sixtina y está contemplando la obra maestra de Miguel Ángel. Imaginad que un desconocido se pone a su lado y comienza a destacar aspectos estéticos de los frescos que nuestro visitante había dejado de advertir. A medida que escucha a aquella persona y comienza a ver la obra a través de los ojos del desconocido, es como si la estuviera viendo por primera vez. No puede menos de maravillarse del nuevo nivel de entender la pintura vista bajo la dirección del desconocido. Luego el desconocido se va y el visitante se vuelve a la persona que tiene al lado para preguntarle: "¿Quién era ese hombre?" La persona responde: "¿No lo ha reconocido? Era Miguel Ángel."

Comparemos lo sucedido en la capilla sixtina con lo que acaeció a los discípulos cuando oyeron a Jesús hablar de las maravillas de la naturaleza. Por medio de la Palabra "se hicieron todas las cosas."[20] Los discípulos de Cristo estaban viendo esas maravillas a través de los ojos del artista mismo que las había creado. Así, vieron la naturaleza como nunca la habían visto antes. Vieron la naturaleza como un espejo de lo divino.

Demos un paso más en nuestro ejemplo. Imaginad cuáles serían vuestros sentimientos si pudierais meteros en la cabeza y en el corazón de Miguel Ángel. Imaginad que veis sus obras como él las ve. Considerad la diferencia entre lo que vosotros sentisteis ante la capilla sixtina y el gozo que Miguel Ángel experimentó cuando contempló las mismas pinturas. Imaginad, si podéis, la sensación que tendríais si estuvieras contemplando con la mente y corazón de Miguel Ángel su Pietà, o el Moisés, o el David, y pudierais verlas y sentirlas de la misma forma que el artista.

En la visión beatífica penetraremos en la mente y corazón de Dios. Veremos y sentiremos su obra creadora como él mismo la ve y la siente en su interior. Imaginaos viendo los lirios del campo y los pájaros del cielo como Dios ve estas cosas, que tienen su origen en él y que se conservan en el ser por su amor.

Imaginaos viendo a vuestros padres, familiares y amigos como Dios los ve y los ama. Imaginaos viendo la naturaleza humana de Cristo y la de su Madre, Reina de los Cielos, como Dios Padre los ve y los ama.

Todo ello forma parte del eterno banquete de bodas. La fiesta, a la que en comunión con todos los santos, Cristo nos invita a gozar como invitados.

La imagen del eterno banquete de bodas en el cielo lleva consigo una referencia al alimento. Por asociación de ideas se nos lleva a pensar en la función que nuestros cuerpos tendrán en el cielo.

En el centro de la fe católica se encuentra el considerar a los hombres como espíritus encarnados y no como ángeles. Nosotros no somos espíritus puros, que sufren una unión negativa, desafortunada con el mundo material a causa de nuestros cuerpos.

Algunos antiguos filósofos, incluyendo el maniqueísmo y el platonismo, sostenían la teoría de que nuestras almas, o espíritus, estaban presos temporalmente en nuestros cuerpos.[21] Esta doctrina había llevado a los cristianos de Corinto a negar la resurrección corporal de Cristo.

Hoy algunas sectas cristianas defienden la opinión de que somos espíritus que sufren una nefasta unión con el mundo material. La Iglesia católica afirma que somos espíritus encarnados. El cuerpo humano es parte esencial de la perfección de la naturaleza humana. La Iglesia sostiene que nuestra unión con el mundo material es positiva y que el mismo mundo material es un don de Dios.

Cristo viene para redimir la naturaleza humana entera, cuerpo y alma. La salvación implica la plena reconstitución de nuestra humanidad intacta. La resurrección del cuerpo humano de Cristo tres días después de su muerte en cruz es la manifestación más clara de esta verdad. En la realidad del cuerpo resucitado de Cristo tenemos la mejor imagen de la reconstitución de nuestros cuerpos en el cielo.

¿Qué sucedió en la primera tarde de Pascua cuando Cristo resucitado se apareció a los discípulos? Estaban asustados detrás de las puertas cerradas del cenáculo. ¿Saltaron de gozo para darle la bienvenida? Al contrario, se encogieron de miedo ante él, convencidos de que estaban viendo un espíritu. Cristo les dijo: “Mirad mis manos y mis pies, soy yo. Palpadme y ved, porque un espíritu no tiene carne y huesos como veis que tengo yo."[22]

Aun así no podían creer que era él. Entonces les pidió que le trajeran algo de comer. Sólo cuando comió el alimento que ellos le habían dado, -la actividad más elemental de la actividad física, humana-, llegaron por fin a convencerse de que era realmente él, perfectamente vivo, cuerpo y espíritu.

Más tarde, cuando refirieron la buena nueva al apóstol Tomás, éste se negó a creerles. Su respuesta fue: "Si no veo en sus manos la señal de los clavos y pongo mi dedo en el lugar de los clavos y meto mi mano en su costado, no creeré."[23]

Jesús se apareció de nuevo en medio de ellos y dijo al incrédulo Tomás: "Pon tu dedo aquí y mira mis manos. Trae tu mano y métela en mi costado. No seas incrédulo, sino fiel."[24] Así Tomás supo que Cristo resucitado no sólo poseía un cuerpo humano verdadero, sino el mismo cuerpo que entregara en la cruz.

San Pablo habla del cuerpo resucitado de Cristo como de un cuerpo espiritual, con cualidades distintas del cuerpo que murió en la cruz. Escribiendo a los corintios, al hablar de los cuerpos resucitados de los elegidos, Pablo dice: "Es necesario que este ser corruptible se revista de incorruptibilidad y que este ser mortal se revista de inmortalidad."[25]

El cuerpo resucitado de Cristo es, como San Pablo nos dice, los 'primerosfrutos' de la salvación adquirida por la cruz. Pablo nos dice que en el juicio final nuestros cueerpos resucitarán como cuerpos transformados, incurruptibles y espirituales.[26]

Santo Tomás señala cuatro propiedades de los cuerpos resucitados.[27] Estas propiedades caracterizan los cuerpos de Cristo resucitado y de los elegidos que resucitarán en el juicio final. Estas nuevas características son: agilidad, impasibilidad, sutileza y claridad.

'Agilidad' significa que el cuerpo responde perfectamente a la voluntad. Aparece donde la voluntad quiere que esté. 'Impasibilidad' quiere decir que el cuerpo ya no está sujeto a las enfermedades y a la muerte. 'Sutileza' indica que el cuerpo ya no está limitado por la realidad material. Cristo, por ejemplo, se apareció detrás de las puertas cerradas del cenáculo en aquella primera Pascua. 'Claridad' significa que el cuerpo irradiará la belleza del alma. El cuerpo de Cristo irradió la belleza de la perfección espiritual de su alma divina por un breve espacio en la montaña de la Transfiguración.

Una última pregunta llama nuestra atención: ¿Qué edad tendrán nuestros cuerpos resucitados después de la reconstitución de nuestra naturaleza humana? Santo Tomás toma en serio esta pregunta tan humana y conjetura que nuestros cuerpos resucitados tendrán aproximadamente treinta y tres años de edad.[28]

El razonamiento que acompaña esta suposición aparentemente arbitraria es bastante sencillo. Según la tradición de su tiempo, Jesús tendría más o menos treinta y tres años cuando fue crucificado. Santo Tomás opina que Jesús no habría deseado ofrecer su vida al Padre un minuto antes de que su vida fuera perfecta, o un minuto después de haber alcanzado la perfección. Por ello, si tenía treinta y tres años cuando murió, ésa tiene que ser la edad ideal. Detrás de esta idea, está la convicción de que el cuerpo humano resucitado existirá en su más maduro y perfecto estado de desarrollo físico.

Con esta opinión un tanto piadosa de Santo Tomás, daré por terminada esta reflexión sobre nuestro viaje hacia el encuentro cara a cara con Dios.

Según voy poniendo por escrito estas ideas, mi pensamiento vuela hacia adelante. Pienso en el momento en que yo, en mi cuerpo reconstituido, veré con mis propios ojos los cuerpos resucitados de mi madre, que murió a los ochenta y dos años de edad, y de mi padre, que murió a los sesenta y cuatro. La idea de verlos como un matrimonio joven y vigoroso de treinta y tres años, me hace ver el futuro realmente halagüeño.

Tengo muchas ganas de ver con mis ojos la naturaleza humana de Cristo, y oír con mis oídos su voz humana, y sentir su abrazo en mi cuerpo. Pienso en mi encuentro corporal con María, su madre, y con Santo Domingo, Santa Catalina, San Francisco de Asís y los otros modelos de mi vida.

Pienso en el momento cuando salude a Santo Tomás y le dé las gracias por tantas ideas esclarecedoras que he encontrado en él sobre el profundo significado de la vida. Ansío tanto saludar a Madre Teresa joven de treinta y tres años, llena de vida, que se acerca a mí para animarme a "hacer algo hermoso por Jesús."

Pienso de forma especial en los niños que he bautizado y luego enterrado antes de que superaran su niñez. Quiero encontrarlos como hermosos jóvenes adultos, en plena madurez. Gozo pensando en la sorpresa y alegría que darán a sus padres, que los siguen recordando como bebés indefensos.

Ofrezco una palabra final de agradecimiento a Dios por el don de mi fe católica. Por este don de la fe me alegro con San Pablo diciendo: "La muerte ha sido devorada por la victoria. ¿Dónde está, oh muerte, tu victoria? ¿Dónde está, oh muerte, tu aguijón?"[29]

---

[1] Tomás de Aquino *Summa Theologia* I, 12, a. 11; II-II, 175.

[2] 2 Co 12, 3.

[3] 1 Co 13, 12.

[4] Ex 33, 11.

[5] Ex 33, 20.

[6] Ex 33, 23.

---

[7] Mt 11, 27.

[8] Mt 17, 5.

[9] Jn 14, 8.

[10] *Cf.* Lc 12, 24-28.

[11] Mc 8, 36.

[12] Lc 7, 34.

[13] Mt 9, 15.

[14] *Cf.* Mt 22, 1-10.

[15] Las tres religiones más extendidas, cristianos, judíos y mahometanos, coinciden en que Dios (Yahvé, Alá) es uno en naturaleza.

[16] Tomás de Aquino *De Veritate*, 18, 6.

[17] *Cf.* Sal 34.

[18] Jn 6, 57.

[19] *Cf*. Jn 14,7.

[20] Jn 1, 3: "Por él todas las cosas fueron creadas ... y sin él no se hizo nada de lo que fue hecho."

[21] El maniqueísmo ha sido considerado como una herejía cristiana, derivada del gnosticismo. Le viene el nombre de Mani, un persa que vivió en el siglo III. Según enseñaba Mani, la salvación requería liberar al alma de la oscuridad de la materia en que se halla encerrada. Algunos elementos del maniqueísmo han vuelto a la luz en épocas posteriores, particularmente en Francia, en el siglo XII. El platonismo se relaciona con muchos elementos del pensamiento del filósofo griego que vivió en el siglo V a.C. La influencia de Platón ha seguido presente hasta el día de hoy.

[22] Lc 34, 39.

[23] Jn 20, 25.

[24] Jn 20, 27.

[25] 1 Co 15, 53.

[26] *Cf.* 1 Co 15, 51.

[27] Tomás de Aquino *Summa Theologia* Supp. III qq. 82-85.

[28]Tomás de Aquino *Summa contra Gentiles* IV, 88 (5).

[29] 1 Co 15, 54-56.

OTHER TITLES AVAILABLE FROM SOLAS *Press*

Distributor Baker & Taylor Tele. 908 541 7508 Fax 908 704 9315

People from the Dawn: Religion, Homeland, and Privacy in Australian Aboriginal Culture

By W. E. H. Stanner and John Hilary Martin

ISBN 1-893426-98-X Publication Date: October 2001

Paperback 168 pages Price $24.95

The human equality of aboriginal populations was established in the 1500's when the Conquistadores were the dominant force in America. However, centuries later, the full personhood of the indigenous Australians was questioned. Here is an Australian work that shows the unexpected depth and sophistication of Australian Aboriginal culture

The Reality of Myth

By John Hilary Martin

ISBN 1-893426-99-8. Publication Date: September 2001

Paperback 138 pages Price $22.95

There is little appreciation of myth as a vital force. It is said that Westerners are deaf to myth and dumb in the presence of ritual. In this book Martin brings a new understanding. His scholarship is woven around the 'creation' myths in American Indian culture, the Bible and the 'Dreaming' of Australian aborigines. Here is a seminal work that will open our eyes to the essential role of myth in culture and religion; its unsuspected role in science; and creativity.

The True Church: The Path which Led a Protestant Lawyer to the Catholic Church.

By Peter H. Burnett

ISBN 1-893426-74 –2 Publication Date October 2004

Casebound 768 pages Price $37.95

Given pioneering California's stress on the practical arts it will come as a surprise that, its first Governor was a scholar. Peter Burnett was a magnificent pioneer of the "old west." Besides being a lawyer, soldier, newspaper editor, farmer, Supreme Court judge, businessman, politician, and statesman he was a scholar. In this book Burnett applies plain juristical logic to the question of the true church. His contemporary Orestes Brownson, said of Burnett's book, "Through him California has made a more glorious contribution to the Union than all the gold of her mines… In 2004 Cardinal Dulles says of this work, "Peter Burnett, applying the principles of Anglo-American law to Scripture and the Fathers of the Church, produced a remarkably full and impressive apologia…. Many issues treated in it are still lively topics of controversy."

This book is relevant today, as well as having profound historical value. The issues are indeed current –interpretation of Scripture, the role of reason in religious faith, the need for a tangible church, achieving certainty, and so on.